# O CARGO É SEU

## 150 respostas essenciais para você ser contratado

CB132217

# O CARGO É SEU

## 150 respostas essenciais para você ser contratado

**Charles-Henri Dumon**

Presidente e diretor geral da Michael Page International
(Europa Continental e América Latina)

**Patrick Hollard**

Diretor geral da Michael Page International (Brasil)

Tradução
Flávio Quintiliano

LAROUSSE
Cultura para todos

Título do original em francês:
*Le guide de l'entretien de recrutement – 150 questions qui comptent*

Copyright © 2002 by Éditions d'Organisations
Copyright © 2005 by Larousse do Brasil
Todos os direitos reservados.

Diretor geral **Jean-Christophe Marc**
Gerente editorial **Soraia Luana Reis**
Assistente editorial **Adriana de Oliveira**
Tradução **Flávio Quintiliano**
Edição e copidesque **Valentina Nunes**
Revisão **Agnaldo de Oliveira**
Capa e projeto gráfico **Terra Design Gráfico**
Produção gráfica **Fernando Borsetti**

**Dados Internacionais de Catalogação na Publicação (CIP)**
**(Câmara Brasileira do Livro, SP, Brasil)**

---

Dumon, Charles-Henri
O cargo é seu : 150 respostas essenciais para você ser contratado / Charles-Henri Dumon e Patrick Hollard; tradução Flávio Quintiliano.
São Paulo : Larousse do Brasil, 2005.

Título original: Le guide de l'entretien de recrutement : 150 questions qui comptent.
ISBN 85-7635-051-3

1. Entrevistas - Recrutamento - Guias, manuais etc.
2. Entrevistas (Seleção de pessoal)
3. Pessoal - Recrutamento I. Dumon, Charles-Henri; Hollard, Patrick. II. Título.

05-0786 CDD-658.31124

---

**Índices para catálogo sistemático:**
1. Entrevistas : Recrutamento e seleção depessoal : Administração de empresas 658.31124

ISBN 2-7081-2683-0 (edição original)
ISBN 85-7635-051-3

1ª. edição brasileira: 2005

Direitos de edição em língua portuguesa, para o Brasil, adquiridos por
**Larousse do Brasil Participações Ltda.**
Rua Afonso Brás 473, 16º andar – São Paulo/SP – CEP 04511-011
Tel. (11) 3044-1515 – Fax (11) 3044-3437
E-mail: info@larousse.com.br
Site: www.larousse.com.br

# SUMÁRIO

# APRESENTAÇÃO

Os conceitos de emprego e carreira passam por mudanças profundas. Hoje, a estabilidade e a garantia de crescimento proporcionado pelas empresas são raras e, não por acaso, o fim do emprego tem sido constantemente decretado por teóricos e profissionais da área de recursos humanos.

Contudo, apesar das reestruturações e dos cortes que marcaram os últimos anos, as empresas continuam contratando profissionais. Mas hoje o fazem com muito mais critério, escolhendo profissionais que atendam suas expectativas sem desperdício de tempo e dinheiro.

Muitos candidatos, embora possuam a qualificação necessária para conquistar um cargo, geralmente não sabem como convencer o empregador durante a entrevista. Ou porque não conhecem bem a si mesmos, ou porque desconhecem as expectativas da empresa. A entrevista de emprego é, sem dúvida, parte essencial desse convencimento, embora poucos profissionais saibam como utilizá-la a seu favor. Mas, felizmente, ela é um conjunto de habilidades que podem ser aprendidas. E esse é o grande mérito do livro de Charles-Henri Dumon e Patrick Hollard, consultores experientes que implantaram na França e no Brasil, respectivamente, a conceituada multinacional de recursos humanos, a Michael Page International.

Em **O cargo é seu – 150 respostas essenciais para você ser contratado**, Dumon e Hollard expõem toda sua experiência de forma concisa e prática numa obra que já vendeu 100 mil exemplares em todo o mundo, e agora chega ao Brasil.

Os autores explicam passo-a-passo, dando vários exemplos, o que o profissional deve fazer para se conhecer melhor, definir objetivos pessoais e profissionais, avaliar seus pontos fortes e fracos para apresentar-se adequadamente numa entrevista de emprego. Outro assunto essencial, que Dumon e Hollard ensinam a dominar com rapidez, é a pesquisa de vários tipos de informação sobre a empresa em que se deseja trabalhar. Quando dispõe dessas informações, o candidato é capaz de compor um perfil adequado ao empregador, apresentando-se como a melhor opção para suprir as necessidades da empresa.

**O cargo é seu** é um livro indispensável para todos os profissionais que precisam aprender rapidamente como utilizar suas qualificações e seu marketing pessoal para conquistar os melhores empregos e construir uma carreira bem-sucedida.

# INTRODUÇÃO

Se você acha que os melhores empregos são difíceis de serem conquistados, se você sempre perde a vaga que lhe interessa para outro candidato, se você costuma aceitar certos empregos por falta de melhores opções, você precisa ler este livro com urgência.

Mas não se iluda: independentemente do seu nível hierárquico e formação, você sempre terá de passar por uma entrevista quando o assunto é a busca de um novo emprego. Porque a entrevista ainda é a principal ferramenta de seleção utilizada pelos recrutadores e empregadores.

Muitos candidatos não são escolhidos para cargos importantes e para os quais, inclusive, apresentam a qualificação necessária por uma razão específica: não dominam as técnicas da entrevista, ou seja, não estão bem preparados para perguntas desconcertantes, não têm informação suficiente sobre seus futuros empregadores e, além disso, dão mostras de timidez e nervosismo, prejudicando o sucesso da entrevista.

Este livro pretende justamente ajudar você a superar o desafio da entrevista de recrutamento, para, assim, poder alcançar os objetivos a seguir.

- Conhecer-se melhor para vender melhor sua imagem.
- Entender os vários tipos de entrevista.
- Aprender e praticar as diferentes técnicas de entrevista.
- Formular as perguntas certas sobre seu futuro cargo, patrão e empresa.
- Responder adequadamente às perguntas que lhe serão feitas.
- Demonstrar confiança para não fracassar na entrevista que pode ser a porta de entrada para o emprego de seus sonhos.

Encare este aprendizado de maneira positiva, sabendo que, se você conseguiu a entrevista, é porque os documentos que você encaminhou já causaram uma boa impressão no entrevistador.

Aprenda a transformar este primeiro passo numa conquista decisiva.

Capítulo 1

# Planejamento e preparação

# Capítulo 1

# SAIBA EXATAMENTE O QUE VOCÊ QUER

## MITOS E VERDADES SOBRE O SUCESSO PROFISSIONAL

Para sair-se bem numa entrevista e assim conquistar o emprego de seus sonhos, é preciso apresentar uma boa performance, o que significa escolher bem o que falar (o conteúdo da entrevista) e como falar (a forma da entrevista).

A maneira como você pretende conduzir a entrevista pode até ser ensaiada na véspera – em boa parte com a ajuda deste livro. Já o conteúdo, no entanto, exige muito mais, porque não é um resultado que pode ser improvisado de uma hora para outra, já que ele começa a ser "construído" na infância, durante a formação básica de uma pessoa, para só ir se aprimorando ao longo da carreira profissional.

O objetivo deste primeiro capítulo é oferecer a você, leitor, dicas do que fazer para, durante uma entrevista de seleção e recrutamento, vender melhor o seu próprio "produto", ou seja, você mesmo.

Nas próximas páginas, você vai descobrir, entre outras dicas, que sua personalidade e seu comportamento contam, nessa situação específica, muito mais do que sua competência para o sucesso profissional.

Existem no mercado milhares de livros sobre o sucesso profissional. Há mais de 20 anos, aliás, esses livros ajudam a alimentar erros e mitos que ainda perduram por aí. Para saber evitá-los, serão mencionados a seguir alguns dos erros mais comuns e disseminados.

### OS CINCO ERROS MAIS COMUNS

**1. "Para ter sucesso, é preciso trabalhar mais"**

**Comentário:** Quem pensa dessa maneira acredita que o equilíbrio entre vida profissional e vida particular é o que menos importa. São pessoas que imaginam que, se elas não trabalharem 70 horas por semana, outro funcionário fará isso em seu lugar. Elas acreditam que esse tipo de sacrifício vale a pena, mesmo que afete o equilíbrio de suas vidas, porque, para elas e suas famílias, mais vale o que possam colher mais tarde, ou seja, as recompensas da ascensão profissional.

**2. "Viva além de seus recursos"**
**Comentário:** Você "se mata" de trabalhar, por isso, tem o direito de consumir. Quem equivocadamente acredita nessa premissa também crê que pode comprar tudo o que deseja, inclusive, as amizades e a harmonia do próprio relacionamento conjugal.

**3. "Aceite cargos acima de sua capacidade"**
**Comentário:** Existem pessoas que nunca deixam passar uma oportunidade, mesmo que não tenham o perfil ideal para assumir um determinado cargo. Para elas, é preciso aceitá-lo, afinal, nada justifica a possibilidade de desperdiçar um aumento de salário e de responsabilidades. Sem medir as conseqüências desse tipo de decisão, que podem não ser positivas, essas pessoas também costumam se deixar levar por "amigos" que as incentivam a aceitar, a qualquer custo, esse tipo de proposta "irrecusável".

**4. "Torne-se um especialista: esforce-se ao máximo"**
**Comentário:** Muitos profissionais especializados na gestão de carreira costumam dizer que não adianta tentar corrigir os próprios pontos fracos. Quem ouve esse tipo de conselho tende a procurar aperfeiçoar somente seus pontos fortes, esforçar-se ao máximo, sem sequer questionar se essa é realmente a melhor solução.

**5. "Nunca demonstre quem você é"**
**Comentário:** Na hora de conquistar um cargo almejado, alguns profissionais erroneamente fazem de tudo, inclusive não revelar os próprios pontos fracos durante a entrevista de seleção e recrutamento. Mais tarde, porém, eles podem se deparar com a falta de aptidões para o cargo em questão – e aí será tarde.

Muitas pessoas que hoje se encontram no auge da carreira profissional acreditaram e perpetuaram esses cinco erros em sua vida. Mas a que preço? É bem provável que elas não durmam bem à noite, que tenham problemas de saúde, vivam conflitos familiares e pessoais etc.

Ter sucesso ao mesmo tempo na vida profissional e pessoal é perfeitamente possível. Essa é, aliás, uma das primeiras lições deste livro. Para valorizar mais essa premissa, é preciso ter em mente que o domínio e a consistência do "conteúdo" que você vier a apresentar durante a entrevista de seleção e recrutamento é conseqüência direta deste equilíbrio alcançado.

## Veja se você está satisfeito na vida e no trabalho

O teste a seguir vai ajudá-lo a descobrir em que ponto você se encontra nessa busca pelo equilíbrio. Na tabela abaixo, assinale a alternativa que corresponde melhor às afirmações contidas na coluna da esquerda:

| | Sim | Em termos | Não |
|---|---|---|---|
| Tenho sucesso em minha profissão | | | |
| Sinto-me em paz comigo mesmo | | | |
| Gosto do que faço | | | |
| Mantenho um bom relacionamento com meu marido / minha mulher | | | |
| Minhas relações familiares são boas | | | |
| Minhas relações de amizade são boas | | | |
| Tenho independência financeira | | | |
| Tenho tempo livre | | | |
| Posso exercer minha criatividade | | | |
| Posso exercer minha espiritualidade | | | |
| Tenho hobbies | | | |
| Tenho paixões | | | |
| Tenho tempo para as outras pessoas | | | |

**Resultados**

Se você assinalou "sim" em todas as alternativas, este livro tem pouco a lhe ensinar. Seu equilíbrio parece perfeito, continue nessa direção. Esse é, porém, um resultado raro. Na realidade, a maioria das pessoas que hoje tem cerca de 45-50 anos daria tudo para poder voltar no tempo e responder "sim" a todos os tópicos deste teste. Elas mesmas costumam admitir que os cinco erros descritos anteriormente (*ver p. 13*), nos quais acreditaram piamente, não são nada mais do que mitos, ou seja, não correspondem à realidade. Por acreditar neles, essas pessoas acabaram seguindo um caminho equivocado na busca desenfreada pelo sucesso profissional.

## Seis atitudes de sucesso

**1. "Aprenda a se conhecer"**

**Comentário:** Só você pode conhecer a si mesmo. Em vez de passar uma noite inteira diante da televisão, tenha a coragem de passar uma noite diante de você mesmo, justamente para aprender a se conhecer melhor.

Se você se sentir em "má companhia" quando estiver nessa situação, não se preocupe: isso significa que você tem muito trabalho pela frente até se tornar uma pessoa plenamente realizada.

Não tenha, portanto, medo de se fazer as seguintes perguntas:

PERGUNTE-SE

- Tenho confiança em mim mesmo?
- Acredito realmente em mim?
- Acredito em meu próprio sucesso?
- Acredito em minhas oportunidades?
- Tenho um sonho na vida?
- Este sonho é claro o bastante para que eu possa escrevê-lo numa folha de papel?
- Onde minha atuação é mais necessária?
- Onde tenho mais chances de ser feliz?
- Gosto realmente daquilo que faço?

**2. "Gaste menos do que você ganha"**

**Comentário:** Por que levar uma vida mais econômica quando se tem dinheiro de sobra? Simplesmente porque os profissionais que gastam mais do que ganham têm sempre mais dificuldades para lidar com os imprevistos da carreira. Motivados mais pelo critério salarial, eles costumam fazer escolhas erradas ao longo da sua trajetória profissional.

Dessa maneira, é muito comum encontrar, por exemplo, executivos que não conseguem se realizar nem ter sucesso nos cargos que ocupam, uma conseqüência direta de terem aceitado o posto em questão apenas em razão de critérios financeiros.

É importante ter em mente que a independência financeira – resultante em boa parte do hábito de gastar menos do que se ganha – proporciona grande liberdade e força de ação. Ela permite, por exemplo, que você saia de um emprego por razões de princípios. Também permite que você troque mais facilmente de empresa, sem a necessidade de se sujeitar a determinadas situações. A independência financeira, em resumo, torna a vida mais equilibrada, ajudando a nivelar os altos e baixos da carreira profissional.

A única desvantagem de viver mais modestamente é não poder exibir o próprio sucesso para os outros. Mas isso não importa nem afeta as pessoas realmente bem-sucedidas profissionalmente, porque elas hoje estão nessa posição porque gostam do que fazem. No fundo, elas não trabalham por dinheiro, mas por satisfação pessoal.

Pode até ser que um dia elas tenham começado suas respectivas carreiras movidas mais pela ambição do que pelo prazer profissional, mas, ao se apaixonarem pelo próprio trabalho, o fator dinheiro deixou de ser para elas um fator decisivo.

**PERGUNTE-SE**

Para saber se o seu emprego realmente satisfaz você, responda a pergunta a seguir, que é bastante reveladora:

- Se amanhã eu de repente tiver R$ 5 milhões em minha conta bancária, eu continuaria a fazer o que faço hoje?

**Resultado**

Se você responder imediatamente "deixo meu emprego sem pensar duas vezes", é porque o emprego que você tem hoje não é realmente necessário para seu equilíbrio. Nesse caso, você precisa dele apenas para sobreviver e não por uma questão de realização pessoal.

### 3. "Só aceite cargos compatíveis com suas aptidões"

**Comentário:** Não assuma um emprego só porque se trata de uma boa oportunidade para ganhar mais dinheiro e ter mais responsabilidades. Só tome a decisão de mudar de emprego depois de analisar suas chances de sucesso e de se perguntar se você está à altura do novo posto.

E atenção: saiba que basta um passo em falso na carreira profissional para criar uma verdadeira bola de neve de problemas. Ao mudar de emprego, portanto, ao passar a ganhar mais e modificar seu estilo de vida, lembre-se de que a partir desse momento você terá de lutar para permanecer e sobreviver no novo cargo; enfim, terá de evitar que venha a ser demitido.

Por isso, você só deve aceitar cargos de maior responsabilidade quando tiver certeza de que gosta daquilo que faz e tem chances concretas de ter sucesso.

PERGUNTE-SE

Antes de aceitar uma proposta de emprego, pese bem os prós e os contras. Para isso, pergunte-se:
- Quais são os desafios do novo cargo?
- Que recursos terei à disposição para resolver eventuais problemas?
- Qual a situação do meu futuro empregador?
- Qual sua cultura empresarial, valores e mentalidade?

### 4. "Esforce-se para corrigir seus pontos fracos"

**Comentário:** Este conselho é útil principalmente para quem ocupa ou pretende ocupar um cargo de chefia. É evidente que todo especialista em determinado assunto não quer ser "passado para trás", por isso tem interesse em se reciclar regularmente. Por outro lado, esse mesmo profissional, justamente por ser um especialista, não sente necessidade de ampliar suas aptidões e campo de ação.

Já quem ambiciona um cargo de chefia deve, sim, se esforçar continuamente para corrigir os próprios pontos fracos, principalmente porque, a longo prazo, eles podem atravancar o seu progresso profissional. De que adianta, por exemplo, ter talento para vendas se você não sabe trabalhar em equipe?

Superar as próprias fraquezas é um trabalho difícil. É algo que não deve ser ignorado, é um erro fugir desses obstáculos. Cada dificuldade que você vier a enfrentar permitirá que você desenvolva um aspecto específico da sua própria personalidade, que corrija um defeito, em resumo, que possa aprimorar seu próprio caráter.

### 5. "Mantenha-se atualizado, recicle seus conhecimentos"

**Comentário:** A maioria dos candidatos que passam por crises profissionais não soube avaliar o ritmo de evolução da empresa em que trabalhava, nem as conseqüências dessas mudanças sobre os empregos em questão.

Quando uma empresa cresce depressa, é preciso crescer junto com ela, no mesmo ritmo. Caso contrário, corre-se o sério risco de ficar defasado (faça o "Teste do carro", *ver p. 25*).

Quem pretende mudar de cargo dentro da própria empresa também precisa se reciclar, buscar uma formação profissional mais condizente com a função almejada. Mas é preciso agir rápida e antecipadamente porque, ao assumir o novo posto, muitas vezes pode ser tarde demais: você poderá ficar tão absorvido pelas ocupações diárias do novo cargo que não terá mais tempo de se reciclar.

Se os negócios internacionais estiverem ganhando importância dentro da empresa, por exemplo, inscreva-se o quanto antes em conferências sobre comércio exterior, tente tomar parte de um projeto internacional, tire férias em outro país e, em seguida, comunique a seus chefes que você está pronto para o próximo cargo.

**6. "Seja transparente: não esconda seus pontos fracos"**
**Comentário:** Procure um emprego em que você possa dar o melhor de si mesmo. Não vale a pena fingir o que você não é e muito menos enganar a si próprio. Durante a entrevista, portanto, ressalte seus pontos fortes e fracos. Os defeitos existem para serem corrigidos.

Se você estiver no emprego errado, com toda certeza vai acabar se sentindo infeliz por isso. Pense bem: qual o sentido da vida se você for obrigado a passar oito horas por dia fazendo o que não gosta? Imagine chegar aos 65 de idade e concluir que você "se matou" de trabalhar e não sentiu nenhum prazer por isso: seria uma grande decepção.

Considerando os cinco erros e as seis atitudes de sucesso apresentadas até aqui, já é possível ter uma boa performance em uma entrevista de seleção. Recomenda-se que você avalie a seguir a sua trajetória.

# Faça um balanço de sua carreira

## ANALISE SEU PASSADO

Bons vendedores conhecem muito bem o produto que vendem. Se você quiser brilhar em uma entrevista de seleção e recrutamento, se quiser "vender" bem sua própria imagem, deve, portanto, fazer como esses bons vendedores: conhecer perfeitamente o "produto" que está "vendendo", ou seja, você mesmo.

**PERGUNTE-SE**

- Em que situação eu me encontro atualmente?

Ao comparar os resultados de ontem e as aptidões de hoje você terá os melhores indícios sobre a sua futura performance. Por isso, se você identificar logo quais são seus pontos fracos e fracassos, maiores serão as chances de resolvê-los.

## TRÊS CRITÉRIOS PARA SE AUTO-ANALISAR

Para você se conhecer melhor, é importante investigar diferentes aspectos da sua personalidade e formação, identificando, por exemplo, quais são suas aptidões, metas, vontades, nível de autoconfiança, comportamento, motivação e assim por diante. Para ajudá-lo nesse processo, a seguir estão algumas das principais perguntas que você deve se fazer.

PERGUNTE-SE

**Sobre suas aptidões técnicas:**
- Qual foi meu percurso acadêmico? Que especializações fiz?
- Que funções ocupei em minha vida profissional?
- Quais meus reais conhecimentos em línguas estrangeiras?

**Sobre sua personalidade:**
- Quais são meus traços psicológicos?
- Qual é minha atitude diante da vida?
- Qual meu grau de motivação?
- Sou autoconfiante?
- Como me relaciono com as outras pessoas na minha vida pessoal e profissional?

**Sobre sua adaptabilidade:**
- Qual minha real capacidade de trabalhar em equipe?
- O que costumo fazer para me integrar e progredir na empresa?

## VASCULHE SUA MEMÓRIA

Para conseguir avanços em relação às suas aptidões, personalidade e adaptabilidade, procure relembrar acontecimentos que marcaram sua vida e sua carreira. As perguntas a seguir podem facilitar esse processo de reflexão.

PERGUNTE-SE

- O que fiz de mais importante durante meus estudos?
- Quais foram minhas principais realizações na minha vida pessoal e profissional?

Após responder essas questões, analise sua profissão, faça uma lista de objetivos a serem alcançados por dia, semana, mês. Para cada uma dessas realizações profissionais e para cada cargo assumido, descreva as qualidades pessoais que foram postas em prática nessas ocasiões. Tente também se lembrar das avaliações que você recebeu nos empregos anteriores. O exemplo a seguir vai ajudar você nesse processo.

## EXEMPLO

**Aquisição estratégica: um exemplo do que contar**
Imagine que quando você ocupou o cargo de diretor Financeiro da empresa tal, você comandou pessoalmente a aquisição de um concorrente. Naquela ocasião, você mostrou bons conhecimentos e pleno domínio sobre as informações envolvidas, embora tenha demonstrado também uma boa capacidade de liderança e ação.

Durante aquela negociação específica, você soube convencer outras pessoas sobre as vantagens estratégicas da aquisição em questão graças a sua seriedade e organização. Diante dessa boa lembrança, responda:

- Quais são seus pontos fracos e seus pontos fortes (aptidões técnicas, personalidade, adaptabilidade)?
- Para cada uma das ações empreendidas, questione-se por que agiu daquela maneira, quando e de que modo.

## DÊ EXEMPLOS PARA ILUSTRAR SUAS QUALIDADES

Se na entrevista você afirmar ser "uma pessoa responsável", você deve comprovar essa afirmação. Para isso, basta mencionar, por exemplo, que na função de contador você enviou os relatórios mensais "sempre dentro dos prazos".

*"Tenho seis servidores leais. Eles me ensinaram tudo o que sei. Seus nomes são: o quê, por quê, quando, como, onde e quem."*

**Rudyard Kipling**

## ESPECIFIQUE SUAS REALIZAÇÕES E CONQUISTAS

Se você, por exemplo, trabalhou numa empresa de cosméticos e foi responsável pelo lançamento de uma nova linha de produtos masculinos, lembre-se de falar dos resultados obtidos, citando números que comprovem a importância da sua realização. Diga, se for o caso, que, "depois de dois anos de criação, a linha masculina em questão responde por 15% das vendas da empresa e recebeu o prêmio de melhor produto, segundo as consumidoras de tal jornal".

## FALE DE SEUS PLANOS FUTUROS

Ao enumerar o que ainda pretende fazer na vida, você transmite a idéia de ser uma pessoa pró-ativa, que tem visão de futuro e é capaz de se planejar, algo que sempre vai ao encontro dos objetivos atuais das empresas.

Por outro lado, você também estará demonstrando que, ao longo de tudo o que já realizou na vida, foi capaz de adquirir uma série de aptidões que se enquadram nas exigências do cargo pretendido.

Para ajudar você nessa etapa, outra série de perguntas, relacionadas a seguir, será bastante útil. Responder a todas essas questões pode, às vezes, ser um exercício difícil e resultar em um auto-exame doloroso, por isso, recomenda-se que seja feito primeiro em casa, com calma, jamais na frente da pessoa encarregada de entrevistá-lo.

Lembre-se de que dispor de um juízo crítico em relação ao próprio passado profissional pode ser útil para você rebater as objeções que eventualmente possam vir a ser feitas durante a entrevista.

**PERGUNTE-SE**

- Quais são meus projetos pessoais e profissionais?
- Quais são minhas expectativas. O que espero do meu próximo emprego, em relação à localidade, porte da empresa, função, salário, responsabilidades, personalidade do chefe?
- Meu projeto profissional é condizente com o caminho que percorri até agora?
- Por que me candidatei ao novo emprego em questão? Minha candidatura coincide com a função pretendida?

Para conseguir ser mais objetivo nessa auto-análise, não hesite em pedir ajuda a um amigo ou parente. Peça-lhe que escute sua retrospectiva e avalie seu desempenho, ajudando-lhe a identificar passagens que não ficaram claras e a necessidade de reformular algumas exposições.

Este balanço não apenas vai ajudar a melhorar sua performance durante a entrevista, como também pode ajudar você a redigir uma carta de apresentação e um currículo condizentes com o cargo pretendido.

*"Imagino que vocês raramente pensem. Existem poucas pessoas que pensam mais de três ou quatro vezes por ano. Quanto a mim, devo minha celebridade ao fato de pensar uma ou duas vezes por semana."*

**Bernard Shaw**

## NA PONTA DA LÍNGUA

**O que dizer na entrevista na hora de me avaliar:**

- Minha personalidade (se tenho espírito de equipe, se sou individualista).
- Meu temperamento (se sou tímido, impulsivo, generoso etc.).

- Minha capacidade física.
- Meu poder de comunicação.
- Minha apresentação.
- Meu relacionamento com as outras pessoas.
- Minhas motivações, minha ambição.
- Meus projetos.
- Minhas aptidões técnicas.
- Meus êxitos e meus fracassos.
- Razões pelas quais quero mudar de situação.
- Meus setores de atividade preferidos.
- Porte das empresas onde já trabalhei.
- Meus diplomas, estágios, cursos de especialização.
- Meu ambiente social.
- Meus *hobbies*.
- Coisas que me agradam e me desagradam.
- Coisas das quais me arrependo.
- Coisas que não pude fazer.
- Coisas que gostaria de ter feito.
- Maneira como alguém pode me ferir.
- Se minha vida pessoal me proporciona estabilidade e alegria de viver. Em caso negativo, ter consciência do que fazer para atingir esse objetivo e se essa deficiência é culpa minha (Faça as mesmas perguntas com relação à vida profissional).
- O que posso esperar de meu trabalho, meus colaboradores, meu empregador, meu chefe, meus clientes etc.

## PARA UMA AÇÃO MAIS ESTRATÉGICA

**Para comandar bem uma equipe, você precisa saber:**

- Analisar e redigir relatórios.
- Fazer pesquisas e estudos de mercado.
- Avaliar idéias e pessoas.
- Comunicar-se com clientes e colegas.
- Encontrar soluções novas para os problemas.
- Administrar outras pessoas.
- Acompanhar e avaliar o trabalho dos outros.
- Organizar, planejar, reestruturar.

- Ser pontual: manter prazos.
- Ser criativo.
- Vender produtos e serviços.
- Motivar pessoas.
- Traçar objetivos.
- Recrutar equipes.
- Treinar equipes.
- Poupar e administrar o tempo.
- Resistir ao estresse.
- Delegar responsabilidades.
- Pensar de forma lógica e coerente.
- Tomar iniciativas.
- Pensar e agir de forma independente.
- Ter coragem de assumir riscos.
- Animar e conduzir reuniões.

PERGUNTE-SE

Para cada um dos itens acima, é importante citar exemplos concretos que respondam:
- Onde, quando e como agi dessa maneira?

## ENTRE EM SINTONIA COM O MUNDO DO EMPREGADOR

Tudo o que você disser na entrevista deve estar em sintonia com as exigências de seu futuro empregador, sendo assim, procure conciliar suas capacidades e sucessos com essas exigências e ponto de vista, evitando expressões que possam ser mal-entendidas. Por exemplo, nunca diga: "passei 18 meses fazendo um estágio voluntário nos Estados Unidos". Prefira dizer: "passei 18 meses fazendo um estágio nos Estados Unidos, num programa de voluntariado internacional que me ajudou a desenvolver minha capacidade de adaptação. Essa experiência também me permitiu aperfeiçoar meus conhecimentos de inglês". Perceba que, ao completar a informação, você forneceu elementos ao entrevistador que estão em sintonia com as exigências da tendência empresarial atual.

Em tempos de globalização e de responsabilidade social, experiências com trabalho voluntário costumam ser muito bem-vistas.

## Teste do carro

Para aprofundar o balanço de sua carreira, o teste a seguir é bastante útil e elucidativo, na medida em que permite a você comparar sua trajetória profissional ao movimento de um carro: em "ponto morto"ou em "marcha à ré".

**Sua carreira segue em frente**

Você encara seu emprego como um desafio e se sente feliz por isso. Mas é preciso ter certeza de que sua carreira está realmente deslizando. As seguintes questões vão ajudar nessa avaliação.

PERGUNTE-SE

- Estou aprendendo novas técnicas neste trabalho?
- Tenho oportunidades reais de adquirir novos conhecimentos?
- Essas novas experiências serão úteis no mercado de trabalho (elas aumentam minha empregabilidade)?
- Sinto-me bem na empresa e com as pessoas com as quais trabalho?
- Meu salário é condizente com o meu cargo?
- Tenho uma noção clara do que esperam de mim? E sobre o que eu espero de mim mesmo?
- Costumo receber um *feedback* regular sobre meu trabalho?
- Estou me divertindo?

**Comentário:** Se você respondeu "não" à maioria dessas perguntas, é porque sua carreira, em vez de estar em movimento, está em "ponto morto" ou "em marcha à ré".

**Sua carreira está em "ponto morto"**

Essa é uma situação que exige de você providências imediatas, sob o risco de regredir muito rapidamente. Pode ser que conscientemente você se encontre em "ponto morto", talvez por causa de uma crise do mercado de trabalho ou porque sua empresa parou de crescer. Nesse caso, é preciso acionar o "pisca-alerta" e buscar maneiras de reagir. Mas se sua motivação for inconsciente, o perigo é maior, porque você pode estar preso numa rotina que vai terminar por conduzi-lo ao fracasso. O risco aí é sério, porque faz com que você gradualmente perca de vista seus objetivos.

**Sua carreira está em "marcha à ré"**

Se você se sente frustrado, sente que perdeu todas as ilusões a respeito de seu trabalho, você está desmotivado. Portanto, cuidado! Porque mais cedo ou mais tarde, seu chefe e seu empregador vão perceber isso. Para melhor identificar essa situação, existem perguntas bastante significativas a serem feitas.

PERGUNTE-SE

- Eu tenho problemas no trabalho? Quais são esses problemas? Por que acontecem?
- Quais são as minhas alternativas para contornar ou resolver esses problemas?
- Que estratégias disponho para "engatar primeira" e sair rapidamente da situação de "ponto morto" ou de "marcha à ré"?

*"Escolha um trabalho que lhe dê prazer e você não precisará trabalhar o resto de sua vida."*

**Confúcio**

## Como colocar a carreira em movimento

As causas para uma carreira profissional entrar em "marcha à ré" são múltiplas. A seguir, uma série de situações será analisada para ajudar você a auto-avaliar sua trajetória profissional, a identificar e ultrapassar obstáculos.

### Quando você está em vias de perder o emprego

Esta é uma situação traumática, que inevitavelmente gera estresse, ansiedade e pode minar a sua autoconfiança. Para atravessar esse momento difícil, o melhor a fazer é encarar a situação de um ponto de vista mais lógico do que emocional:

- Não encare o que acontece como um ataque pessoal. Não são suas aptidões e sua lealdade que estão em jogo.
- Tente viver essa etapa como uma oportunidade de crescimento. Aproveite para se autoquestionar e reavaliar suas prioridades. Isso é sempre positivo.
- Não tente esconder da sua família as dificuldades por que está passando, porque é com a família que devemos compartilhar os sucessos, mas também os fracassos. A família é quem melhor nos ajuda a recuperar naturalmente a confiança perdida.
- Conte suas dificuldades para os amigos só depois de "recarregar a bateria" e levantar a moral, porque, assim, você evita passar uma imagem negativa de si mesmo. São esses amigos, aliás, que podem vir a recolocá-lo na pista certa.
- Reconheça que seu emprego anterior já não era adequado e procure uma orientação diferente em sua carreira.
- Tire férias ou satisfaça uma de suas paixões, se isso ajudar você a recuperar a autoconfiança.
- Adapte seu estilo de vida a uma renda financeira menor.

### Quando você se sente estressado e desanimado

Qualquer pessoa submetida a pressão prolongada, muitas vezes decorrente de um alto grau de exigência profissional, corre o risco de sucumbir ao estresse e, em casos mais graves, à depressão. Esse estado radical e perigoso a que se pode chegar costuma se manifestar por alguns indícios, entre os quais as seguintes situações:

- Quando a vida familiar já não existe, você não tira férias e sacrifica também seus finais de semana. Quando nunca tem mais tempo para nada.
- Quando os problemas se acumulam no escritório, com você envolvido em freqüentes discussões com os colegas, não se preparando mais para as reuniões (por falta de tempo) e sem sentir prazer pelo trabalho.
- Quando surgem carências físicas ou psicológicas: cansaço, mau humor, sensação de culpa.

Todos esses sintomas demonstram que você precisa urgentemente reequilibrar suas atividades da vida profissional e pessoal e, sobretudo, tomar algumas providências imediatas, entre elas:

- Reconhecer os sintomas do estresse e da desmotivação, para daí procurar ajuda.
- Administrar melhor seu tempo e aprender a dizer "não".
- Redescobrir outros importantes aspectos da vida além do trabalho: esportes, família, amizades etc.

**Quando o trabalho causa tédio**

A falta de motivação pelo trabalho geralmente decorre quando você já não encontra mais oportunidade de mostrar suas aptidões e comprovar suas qualidades. Nesse caso, uma dica para tentar contornar a situação e voltar a se motivar por seu trabalho é buscar novas responsabilidades ou estabelecer novos objetivos. Para, isso, porém, é importante fazer antes uma auto-análise e buscar a origem da falta de motivação.

**Quando você enfrenta a "crise dos 40 anos"**

Crises de identidade podem ocorrer a qualquer momento, embora sejam mais freqüentes aos 40 anos de idade. É quando de repente você se arrepende de não ter realizado seus sonhos de juventude e por isso corre o risco de achar que "a grama do seu vizinho é mais verde". Para tentar mudar seu ponto de vista, uma boa saída é se questionar, procurando identificar se o problema está em você mesmo, no cargo que ocupa ou na empresa em que trabalha.

**Quando você sente que escolheu a carreira ou a direção errada**

É comum as pessoas escolherem uma profissão sob a pressão de pais e professores. Às vezes, isso acontece porque se é muito jovem ou porque faltam informações práticas sobre o dia-a-dia das diversas profissões. Por outro lado, pode ocorrer também porque as carreiras hoje evoluem muito depressa, fazendo com que os conhecimentos técnicos logo fiquem defasados. Quando você sente que sua vida profissional está na direção errada é comum você:

- Não gostar do que faz.
- Usar aptidões que não lhe dão prazer algum.
- Não ter talento para aquilo que faz.
- Não se sentir realizado.

Ao sentir qualquer um desses "sintomas", é hora de pensar numa mudança de profissão ou de cargo – ou nos dois juntos. É preciso, porém, avaliar bem se mudar de empresa e de carreira simultaneamente não irá sobrecarregar você e lhe causar uma boa dose de estresse. Por isso é importante pensar bem antes, planejando cuidadosamente as etapas da sua evolução profissional. Para ajudar você a identificar eventuais pontos de insatisfação, siga as orientações a seguir:

- Faça uma lista dos aspectos desmotivadores de seu trabalho.
- Faça uma lista dos aspectos estimulantes de seu trabalho.
- Pesquise profissões e cargos que despertam seu interesse e são condizentes com suas qualidades.

**PERGUNTE-SE**

Com todo o trabalho de auto-análise indicado até aqui, é hora de você se fazer uma das mais importantes perguntas:

- Quem sou eu?

Depois de pensar e responder honestamente à pergunta acima, você deve ser capaz de fazer uma síntese equilibrada da sua vida profissional e pessoal, a fim de revelar que existe uma coerência em sua carreira e um fio condutor em suas experiências, de maneira a ressaltar os pontos altos desse percurso.

Ao final desse rigoroso exame de consciência, você estará pronto para responder com mais facilidade às questões que lhe serão feitas durante a entrevista de recrutamento e seleção.

Caso o entrevistador diga, por exemplo, que procura "alguém que ajude a empresa a implantar novos parâmetros de gestão empresarial", para, em seguida, perguntar qual seria sua contribuição nesse sentido, você então não será pego de surpresa e poderá, assim, se destacar entre os demais candidatos.

## PENSE NO FUTURO

Pronto, fim da primeira etapa, a etapa da auto-análise.

Se você conseguiu avaliar corretamente a situação em que se encontra hoje, agora é hora de reunir energia para atingir seus objetivos. Tente pensar e planejar sua carreira estabelecendo metas a curto, médio e longo prazo.

Trace um plano de carreira, ou seja, um conjunto de objetivos e metas a serem alcançados, de modo a facilitar e definir os passos necessários para seguir em frente, escolhendo um trabalho e desenvolvendo habilidades condizentes com ele. Saiba que um plano de carreira é sempre útil para ajudar você a encontrar o cargo mais adequado a seu perfil e objetivos.

É importante, para isso, que você tenha projetos pessoais e profissionais, já que esse é indício de uma natureza ativa e positiva. Seus projetos, porém, precisam atender a quatro requisitos básicos. Sendo assim, eles devem:

- Ser plausíveis: nada de planos de carreira grandiosos, em que tudo foi previsto e não existe lugar para a incerteza.
- Ser realistas: precisam ser condizentes com seu nível de instrução e, sobretudo, com suas experiências anteriores.
- Ser razoavelmente ambiciosos: as eventuais dificuldades precisam ser superáveis.
- Ser flexíveis: tudo precisa ser passível de revisão em razão das circunstâncias.

Mas caso você chegue à conclusão de que é hora de mudar de emprego, considere as seguintes possibilidades:

- Mude de cargo, buscando mais responsabilidades.
- Mude para o mesmo cargo que ocupa hoje, mas em uma empresa de maior porte e sucesso.
- Combine as duas opções anteriores.
- Crie sua própria empresa ou exerça atividades por conta própria (vire consultor, por exemplo).

Agora que você já tem claro para você mesmo quais foram suas experiências, seus trunfos, pontos fracos, aptidões e decepções, sabe exatamente o que procurar em seu novo emprego. Coloque lado a lado essas duas listas – a das suas conquistas passadas e a de seus objetivos futuros –, para ter certeza de que não têm nenhuma incoerência.Dessa maneira, você conclui um dos exercícios mais importantes para se sair bem na entrevista: conhecer-se a si mesmo, sabendo exatamente o que você quer e deseja. O próximo passo é pesquisar mais sobre seu futuro empregador.

## A LÍNGUA

**ora de redefinir minha carreira, é útil me perguntar:**

Sou qualificado demais para o cargo atual ou minha qualificação está abaixo da necessária?
- Tenho a oportunidade de sempre aprender algo novo?
- Sinto-me bem no cargo atual? Essa é uma sensação passageira?
- Meu emprego me ajuda a realizar meus objetivos?
- Meu emprego me dá segurança financeira?
- Este é meu verdadeiro caminho?
- A empresa em que trabalho está crescendo: tenho a oportunidade de crescer junto com ela?
- Qual a opinião que meus chefes têm de mim?
- Eu poderia tornar meu cargo ainda mais interessante? De que maneira?

## NA PONTA DA LÍNGUA

**Antes de procurar um emprego, é importante saber:**

- Em que tipo de organização quero trabalhar? (pública, privada, grande, média, pequena, brasileira, multinacional, familiar, antiga, nova, em fase de crescimento etc.).
- Em que esquema de horário pretendo trabalhar? (regular, irregular, horas extras, finais de semana etc.).
- Que tipo de ambiente me agrada mais? (escritório, externo etc.).
- Desejo viajar uma boa parte do tempo?
- Quero oferecer disponibilidade para viagens? Por quanto tempo? Quais as implicações disso para minha família?
- Qual a faixa salarial que pretendo alcançar?
- Que outros benefícios da empresa me interessam?
- Com que tipo de pessoas desejo trabalhar?
- Que aptidões novas preciso adquirir para ocupar o novo cargo?
- Quais são meus objetivos para os próximos cinco anos?
- O que mais me interessa em minha vida profissional? (poder, dinheiro, benefícios). Como conciliá-los com minha vida particular?
- Até que ponto este novo cargo vai me permitir realizar meus objetivos?

# CERTIFIQUE-SE DE QUE ESTÁ NA DIREÇÃO CERTA

Até meados dos anos 1980, as mudanças no mercado de trabalho eram mais lentas e dificilmente afetavam a vida profissional tão drasticamente como acontece hoje. Naquela época, as promoções ocorriam, em média, em três ou quatro anos, e as exceções a essa regra eram sinal de que o desempenho profissional era muito bom ou muito ruim.

Com a globalização da economia mundial e a intensa troca de informação proporcionada pelos avanços das telecomunicações, cenário em que tudo muda rapidamente, e o tempo todo, os "sinais de perigo" para a carreira são hoje muito mais sutis. Para não ficar para trás nem ser pego de surpresa, é importante manter a própria carreira em constante observação, com a ajuda das seguintes perguntas e seus respectivos comentários.

PERGUNTE-SE

**1. Continuo a aprender coisas novas?**
Se você acha que não aprendeu nada de útil nos últimos três meses nem pretende aprender nos próximos meses, você está no caminho errado. O alarme vale também para o caso de seu trabalho ter se tornado muito rotineiro e fácil. Com toda certeza, outra pessoa poderá executá-lo por um salário menor.

**2. Eu me sinto ocupado?**
Caso você perceba que não tem realmente muito o que fazer durante o dia, isso significa que seu emprego corre perigo a curto prazo. Nenhuma empresa pode se dar ao luxo de manter empregados que não trabalham no limite de suas capacidades.

**3. Se meu cargo estivesse disponível, hoje eu conseguiria preenchê-lo?**
Avalie regularmente quais são as aptidões que o mercado exige para a vaga que você ocupa hoje. Para isso, consulte os anúncios de empregos, fale com seus colegas de outras empresas etc. Caso os empregadores exijam novas aptidões que você ainda não tem, procure se reciclar rapidamente.
Se estiverem exigindo, por exemplo, experiência em ações de responsabilidade social, uma dica é participar de trabalhos desenvolvidos pelas ONGs (organizações não-governamentais) – muitos deles realizados em parceria com empresas e com a ajuda de voluntários como você.

**4. As pessoas continuam a se comunicar comigo?**
Se você continua a ser convidado para participar do mesmo número de

(*continua*)

PERGUNTE-SE

reuniões, se continua a receber a mesma quantidade de memorandos e e-mails que costumava receber há seis meses, isso é um bom sinal.

**5. As pessoas me escutam?**
Caso seu chefe ou colegas de trabalho não tenham procurado você nos últimos três meses para discutir um problema ou pedir opiniões e conselhos, comece a se preocupar.

**6. As pessoas investem em mim?**
Se você gostaria de progredir na empresa, mas os chefes respondem que você está indo muito bem em sua função atual, tome cuidado. Isso pode ser sinal de que as pessoas não investem mais em você. A mesma observação é válida para as vezes em que você solicitou apoio para cursos de extensão profissional e estes foram recusados.

**7. O que as pessoas da empresa pensam de mim?**
Para ter idéia da imagem que você tem na empresa, solicite regularmente não só a opinião de chefes e superiores, mas também a dos colegas de trabalho.

**8. Meu trabalho tem sido avaliado?**
Caso as avaliações sejam uma rotina na empresa e mesmo assim você não recebeu nada nos últimos tempos, procure saber por quê.

**9. Qual é minha contribuição para a empresa?**
Se você não for capaz de fazer um resumo de 2 minutos sobre suas realizações e contribuições recentes para a empresa, é muito provável que seu patrão não possa fazê-lo também. Se você não teve boas idéias recentemente, não ajudou a empresa a reduzir custos ou não melhorou um produto ou serviço, tome uma providência!

**10. Tenho recebido *feedbacks* negativos sobre meu trabalho?**
Todo mundo tem seus pontos fracos. É importante, porém, conhecê-los e estabelecer um programa com seu chefe ou empregador para conseguir reduzi-los. Caso você nunca tenha recebido um *feedback* negativo, existem duas possibilidades para isso ter acontecido: ou você é um excelente profissional e deve progredir depressa, ou seu empregador perdeu o interesse por você.

**11. Eu cometi um erro, mas ninguém diz nada. Por quê?**
Existem aqui também duas possibilidades para isso: ou você trabalha numa empresa mal-administrada (sinal de que você precisa mudar de emprego). Ou seu superior hierárquico decidiu que já não adianta cobrar mais nada de você. A decisão dele já está tomada: você será demitido.

(*continua*)

PERGUNTE-SE

**12. As pessoas da empresa estão me evitando?**
Muitas vezes, seus colegas de trabalho são informados antes sobre o que vai lhe acontecer. Caso as notícias sejam ruins, é comum que eles evitem você ou se mostrem constrangidos na sua presença. Caso isso já esteja ocorrendo, pode ser tarde demais.

**13. Meu salário está muito acima do preço de mercado?**
Em caso afirmativo, seu emprego corre perigo, a não ser quer você tenha aptidões excepcionais ou muito raras.

**14. O que eu faria se meu cargo desaparecesse amanhã?**
Caso você sinta dificuldade para responder a esta pergunta, é porque ainda não identificou as aptidões que poderia usar como trunfos de uma possível negociação – dentro ou fora da empresa –, se seu cargo realmente vier a ser extinto.

**15. Eu me preocupo com meu emprego?**
Se a resposta for afirmativa, é porque provavelmente você tem motivos para se preocupar.

**16. Já atingi a idade crítica no que se refere a emprego (mais de 45 anos)?**
Se a resposta for afirmativa, é porque você deve se fazer estas 16 perguntas regularmente.

Essas 16 perguntas acima são fundamentais para ajudar você a fazer um balanço da sua carreira e a reconhecer os sinais que podem representar uma ameaça a seu emprego. Infelizmente, no momento em que você identifica esses sinais, muitas vezes é tarde demais.

Para auxiliar você a evitar eventuais problemas em sua carreira profissional, melhor é se prevenir, com as seguintes dicas:

**Faça um raio-x da sua empresa**

- Levante informações sobre a organização em que trabalha e o mercado em que está inserida, mas também sobre o potencial de seus produtos e serviços.
- Analise o relatório anual da sua empresa.
- Monte um dossiê com as principais notícias e artigos de jornais, revistas e internet em que sua empresa é citada, assim como as de seus concorrentes. Analise-o regularmente.

- Pergunte a fornecedores e clientes como eles vêem os produtos e serviços da sua empresa. Os concorrentes oferecem produtos e serviços por um preço menor? Como eles conseguem reduzir custos? Seus patrões investem no departamento em que você trabalha?
- Se você encontrar problemas em sua empresa – queda dos lucros, chegada de novos concorrentes mais competitivos, novas tecnologias que ameaçam extinguir cargos etc. –, trate de refletir urgentemente sobre a possibilidade de mudar de emprego.

**Avalie seu papel dentro da empresa**

- Procure dar sua contribuição pessoal à empresa. É o que se pode chamar de "valor agregado": os clientes assim recebem um benefício específico. Quando você não consegue associar seu emprego à satisfação de fornecedores e clientes, seu cargo é um candidato ideal para o processo de terceirização.
- Avalie suas aptidões e conhecimentos constantemente. Faça cursos de reciclagem e aperfeiçoamento para desenvolver aptidões necessárias ao seu cargo, no mínimo para os próximos três anos.
- Procure adquirir aptidões raras e as ofereça a seus empregadores (conhecimentos técnicos, administrativos, lingüísticos etc.).
- Procure entender claramente o que o seu empregador espera de você. Se você oferecer o que ele precisa, o risco de você ser despedido é bem menor.
- Aprenda a trabalhar em equipe. De agora em diante, sua carreira vai se basear numa sucessão de projetos a serem conduzidos em equipe – e não mais por iniciativa individual.
- Divulgue seu trabalho e faça amizades com muitos funcionários da empresa. Em outras palavras, cultive sua rede de relacionamentos. As pessoas sempre pensam duas vezes antes de criticar alguém que elas conhecem bem.
- Prefira trabalhar com funcionários cuja carreira está em ascensão na empresa. Quando esses funcionários progridem, outras pessoas podem se beneficiar disso.
- Não se acomode na rotina da empresa, porque assim ninguém lhe dará mais atenção.
- Não se considere indispensável.
- Mantenha-se relativamente "inquieto" em relação à sua carreira, mas procure fazer isso de maneira saudável, prevenindo-se contra as crises e sem sacrificar seu tempo livre, interesses e vida pessoal em função do trabalho.

## O QUE VOCÊ PRECISA SABER SOBRE SEU FUTURO EMPREGADOR

Depois de alguns minutos de entrevista com um candidato, uma única pergunta do recrutador pode definir a conquista da vaga em aberto. Geralmente, essa pergunta indaga sobre o que ele tem a dizer sobre o cargo e a empresa em questão.

O candidato que não tiver nada a perguntar ou que responder evasivamente perde qualquer vantagem que pudesse ter sobre o candidato que disser: "li recentemente no jornal que as empresas deste setor sofreram, em média, uma queda de 20% em seu volume de negócios. Como esta empresa (citar o nome) está reagindo a essa redução de mercado?".

É evidente que o segundo candidato, com esse tipo de comentário, revela que a oportunidade de trabalhar na empresa em questão é muito importante para ele. Em outras palavras, ele parece de fato interessado no cargo, tanto que se informou sobre a empresa e se preocupa com ela.

Procure, portanto, durante a entrevista de recrutamento e seleção, sempre se colocar no papel de seu interlocutor e falar o que ele está querendo ouvir. Para ter sucesso nessa empreitada, as perguntas a seguir orientam você sobre o que pesquisar.

PESQUISE

**Sobre o setor e a concorrência**
- Quem são os líderes desse mercado?
- Trata-se de um mercado em crescimento ou em retração?
- Esse ramo sofre as conseqüências dos avanços tecnológicos e do desenvolvimento do comércio internacional?
- Com as ações da empresa em queda, isso afeta seus produtos e serviços?
- Quais são as empresas que mais progridem nesse ramo?

**Sobre a empresa**
- Quais são seus produtos e serviços?
- Qual é a sua estrutura?
- Como estão repartidas suas ações?
- A empresa tem atividade internacional?
- Houve mudanças e reestruturações recentes (administrativa, acionária etc.)?
- Qual é a cultura da empresa?

## Providências a serem tomadas

Para obter mais informações sobre a empresa e o setor em questão, procure os sites dessas empresas na internet e por notícias, artigos e reportagens nos principais jornais do Brasil – entre eles, *Gazeta Mercantil*, *Valor Econômico*, *O Estado de S. Paulo*, *Folha de S.Paulo*, *O Globo*, *Correio Braziliense*, *Jornal do Comércio*; nas revistas econômicas e seus sites – entre elas *Exame*, *IstoÉ Dinheiro*, *Carta Capital*; em sites e portais de entidades de classe e outros especializados em economia e finanças – entre eles, www.bmf.com.br (Bolsa de Mercadorias & Futuros), www.bovespa.com.br (Bolsa de Valores de São Paulo), www.aefinanceiro.com.br (Agência Estado Financeiro/Broadcast), www.aesetorial.com.br (Agência Estado Setorial), www.investnews.net (Gazeta Mercantil), www.bloomberg.com (Bloomberg), www.cacb.org.br (Confederação das Associações Comerciais do Brasil), www.cni.org.br (Confederação Nacional das Indústrias), www.fiesp.org.br (Federação das Indústrias de São Paulo).

Relatórios anuais e balanços das empresas também são uma excelente fonte de consultas. Procure levantar informações sobre os principais funcionários da empresa, uma tarefa difícil caso você não conheça ninguém que trabalhe lá. Nesse caso, apele para sua rede de relacionamentos.

Quanto mais informações você reunir sobre a empresa e o cargo, mais clareza terá sobre as necessidades em questão. Dessa forma, você terá o dobro de argumentos a seu favor para convencer o recrutador a escolhê-lo para a vaga em aberto.

Mais adiante, no capítulo dedicado à entrevista (*ver p. 83*), as perguntas que você deve dirigir ao entrevistador serão ainda mais aprofundadas.

# O que os empregadores esperam de você

Antes de se candidatar a um cargo que lhe interessa, é preciso ter consciência de dois aspectos: o investimento pesado que uma empresa precisa fazer para criar uma única vaga e o que ela espera em troca disso, que tipo de necessidade precisa satisfazer. Como dá para perceber, é fundamental pensar também do ponto de vista do empregador.

Se você não conseguir identificar essas necessidades, não encontrará o tom certo para se exprimir durante a entrevista. Numa segunda etapa, você terá que se esforçar ainda mais para que suas aptidões e trunfos sejam condizentes com as reais necessidades da empresa. Muitos candidatos erram ao ressaltar apenas os seus anseios, sem levar em conta os desejos do interlocutor.

Seu futuro empregador estará "comprando" os serviços que você tem a oferecer. Para isso, ele vai tentar definir seu grau de empregabilidade. Ao mesmo tempo, com acontece em todo ato de compra, existe um componente de emoção que é importante identificar.

Ponha-se no lugar do seu futuro empregador: ele precisa de alguém que chegue pontualmente para a entrevista, alguém com quem ele "se entenda bem" e que estará atento às suas exigências.

Além disso, ele estará tentando descobrir os fatores de sucesso de cada indivíduo, sejam quais forem o departamento e o cargo em questão (sem esquecer que, conforme a função, a ênfase vai recair sobre qualidades diferentes).

Finalmente, lembre-se também de que o recrutador está um pouco nervoso. Se ele escolher o candidato errado, tem tanto a perder quanto você (ou mais). Os empregadores que fazem maus recrutamentos também estão pondo em risco sua função na empresa. Por outro lado, muitos empregadores "detestam" recrutar: em geral, eles esperam que o primeiro candidato entrevistado seja o melhor.

A maioria dos candidatos costuma chegar à entrevista dizendo: "ajude-me, preciso de um emprego!", enquanto, na verdade, deveriam dizer: "quais são suas necessidades, senhor empregador? Em que posso ajudá-lo?".

## PARA UMA AÇÃO MAIS ESTRATÉGICA

**O que os empregadores querem de você:**

- Adaptabilidade.
- Motivação.
- Criatividade.
- Capacidade de tomar decisões.
- Capacidade de identificar tendências.
- Habilidade para avaliar os problemas e propor soluções.
- Autonomia.
- Disposição para trabalhar e motivar equipes.
- Capacidade de "agregar valor" ao cargo em questão e às suas ações.

## Os objetivos do empregador

Uma vez que você já percebeu a importância de se colocar do lado do empregador para ter sucesso na entrevista, é preciso levar em consideração também os objetivos dele nesse processo, que são os seguintes:

- Encontrar um candidato com o perfil mais adequado para o cargo, aquele que estiver mais afinado com a cultura da empresa.
- Fazer um prognóstico correto do candidato: o empregador tem de entender como ele raciocina e reage, explicar esse processo para si mesmo e, sobretudo, o que é mais difícil, avaliar o seu potencial.
- Evitar erros, pois eles custam caro. Neste ponto, você deve refletir junto com o empregador, para determinar ajudá-lo a ver que você é a pessoa certa para o cargo. Não vale a pena criar ilusões por alguns meses para ser demitido depois.
- Escolher o melhor candidato, com o melhor custo-benefício e no prazo mais curto possível.
- Exercer seu poder de decisão e de comando.
- Ser ouvido, ser tratado com respeito e consideração.
- Ser reconhecido em sua função de destaque na empresa.
- Convencer o candidato a aceitar o cargo nas melhores condições possíveis para a empresa.

Finalmente, não se esqueça de que o futuro patrão poderá estar "torcendo" por você, já que deseja terminar o recrutamento o quanto antes.

## Os seus objetivos

Toda entrevista implica uma troca, portanto, se você já conseguiu perceber o que o empregador quer, não custa relembrar quais são os seus objetivos nesse processo, ou seja, os objetivos do candidato:

- Obter uma proposta de emprego.
- Dominar a situação.
- Ser valorizado como indivíduo.
- Atender às necessidades de seu interlocutor.

## Por que o entrevistador deve escolher você para a vaga em aberto

Os pontos a seguir vão ajudar você a se posicionar melhor durante a entrevista, porque correspondem aos argumentos que o entrevistador usará para justificar a escolha dele perante os empregadores, seus superiores. Nesse caso, essas justificativas implicam vantagens relacionadas a:

- Dinheiro: você terá de mostrar que pode ajudar a empresa a aumentar lucros e reduzir custos. Por isso, exemplifique de que maneira você consegue fazer isso.
- Reconhecimento perante outras pessoas: ao escolher você, uma escolha acertada, o entrevistador vai se valorizar diante dos demais funcionários da empresa.
- O futuro da empresa: se você é um candidato com potencial, você é um investimento importante para o futuro da empresa.

DICA

**Destaque-se com bons argumentos**

O tempo de um recrutador é sempre precioso. Ele tem de examinar uma pilha de currículos e precisa ser dinâmico para fazer sua escolha. Não o faça perder tempo, portanto: vá direto ao assunto. Lembre-se de que ele entrevistou vários candidatos: 10% são perfeitamente adequados, 20% são ruins e 70% são medianos. Para você se destacar, ofereça argumentos que facilitem a decisão dele.

As perguntas que o entrevistador faz a qualquer candidato têm sempre um único objetivo: tranqüilizá-lo. Ele leu seu currículo e quer saber mais detalhes sobre sua personalidade, suas aptidões técnicas e motivação.

O melhor candidato não é o que tem mais experiência ou os melhores diplomas e, sim, aquele capaz de transmitir a seguinte mensagem: "tenho um *know-how* e uma experiência que correspondem às necessidades da empresa. Também tenho vontade de trabalhar com vocês, pois sei que posso contribuir de várias maneiras".

LEMBRE-SE

Tranqüilizar e convencer são as duas palavras-chave para o sucesso de uma entrevista de seleção e recrutamento.

Quando o assunto envolve uma vaga de emprego e o processo de recrutamento e seleção de candidatos, é preciso ser realista. Quase todas as empresas lutam contra mil dificuldades para continuar competitivas. O mercado é duro e perigoso. Portanto, você tem de avaliar o custo de seu emprego antes mesmo de ser contratado.

Não se trata de perguntar se você vai causar boa impressão e, sim, se seu perfil profissional corresponde ao do cargo em questão. Seu interlocutor, durante a entrevista, não tem motivo algum para escolher você com base em qualificações e interesses de ordem pessoal.

Não tenha medo da concorrência dos demais candidatos. Esse é um fator que, aliás, deve funcionar como um estimulante. O entrevistador só poderá avaliar você por meio da comparação com outras pessoas.

## TESTES

Muitas empresas aplicam testes para avaliar os candidatos. Dessa forma, elas reúnem informações adicionais sobre as várias candidaturas, no intuito de selecionar com mais eficiência um maior número de candidatos.

Ponha-se, então, no lugar do futuro empregador: recrutar é um processo longo e dispendioso, e, em geral, o retorno sobre o investimento em um determinado candidato não é nenhuma certeza. É por isso que, para muitas empresas, os testes representam uma garantia a mais de confiabilidade.

Existem hoje cinco grandes tipos de testes:

- Teste de personalidade: avalia os traços de personalidade em relação à média dos demais candidatos.
- Teste de integridade: avalia a honestidade, o grau de confiança e de responsabilidade do candidato.
- Teste de performance: avalia o desempenho do candidato em determinadas situações, como, por exemplo, quantas palavras por minuto uma secretária consegue digitar.
- Teste de aptidão: avalia a inteligência e a capacidade de aprendizagem.
- Testes de motivação: avalia o tipo de função mais condizente com as qualidades e os interesses do candidato.

## ESTUDO DE CASOS

### ANA: A JOVEM RECÉM-FORMADA

**Ana** acaba de concluir seu mestrado na área de Finanças e Contabilidade numa universidade paulista. Ela está procurando seu primeiro emprego há três meses, depois de fazer alguns estágios em escritórios de contabilidade. Ana, no entanto, sente dificuldade para responder à pergunta: "qual é sua situação atual?". Sem experiência no currículo, ela não consegue identificar

(*continua*)

## ANA: A JOVEM RECÉM-FORMADA *(continuação)*

seus pontos fortes, defeitos e aptidões. Ana tem, na verdade, um leque de opções de carreira a seguir: pode trabalhar no comércio, em empresas de marketing, no mercado financeiro e até mesmo – por que não? – montar seu próprio negócio. A maioria dos jovens nas mesmas condições, porém, acham que têm poucas opções profissionais, que os estágios e uma eventual especialização condicionam toda a carreira futura. Mas isso não corresponde à realidade. Ana pode esperar até os 28-30 anos para se definir, somando experiências a fim de escolher melhor o seu caminho. É claro que muita gente dos Departamentos de Pessoal, de Recursos Humanos e alguns empregadores não concordam com essa observação: eles ainda têm tendência a "etiquetar" as pessoas, embora esse hábito já esteja mudando. Hoje é a personalidade que mais conta, o carisma, e só depois as aptidões técnicas, já que estas podem ser adquiridas ao longo da carreira, o que dificilmente acontece com as qualidades pessoais.

Para fazer sua auto-avaliação, Ana terá então de levar em conta seus estágios, seus trabalhos como *free-lancer*, os "bicos" que fez, detalhando também as responsabilidades que teve de assumir na escola e na universidade.

## CARLOS: O JOVEM ADVOGADO

**Carlos** tem 28 anos e trabalha em um escritório de advocacia com sede em Brasília. Ultimamente, suas atividades profissionais vêm tomando espaço da sua vida pessoal, o que lhe causa estresse e sensação de culpa: com isso, raramente ele joga tênis, seu *hobby* preferido, e alguns finais de semana são totalmente dedicados ao escritório – e não à namorada.

Esse desequilíbrio é normal. A maioria das pessoas só toma uma providência depois que os problemas já se manifestaram.

Para Carlos, é essencial encontrar um equilíbrio entre a vida profissional e a vida pessoal. Mas ele também pode decidir sacrificar tudo pela carreira. O conselho dos especialistas em administração de carreira diz que hoje é muito perigoso "apostar todas as fichas no mesmo número". Carlos deveria estabelecer algumas regras de vida, como, por exemplo, dizendo-se: "vou trabalhar de dez a 12 horas por dia, exceto às quintas-feiras, quando pratico duas horas de esporte. Quanto aos finais de semana, vou trabalhar no máximo um por mês".

É importante fixar limites, pois a vida de Carlos será ainda mais estressante se ele se tornar pai de família. Depois de providenciar sua própria auto-avaliação, Carlos se convence de que seu objetivo, a longo prazo, é se tornar sócio do escritório de advocacia em que trabalha. A partir dessa definição, é preciso tomar duas atitudes:

- Carlos deve solicitar regularmente aos superiores hierárquicos uma avaliação de sua performance.

(*continua*)

## CARLOS: O JOVEM ADVOGADO *(continuação)*

• Carlos precisa de um plano alternativo, caso não se torne sócio do escritório. Na gestão de carreira, prevenir-se contra acontecimentos futuros é o segredo do sucesso. Uma alternativa possível seria trabalhar como diretor Jurídico de uma indústria de produtos de grande consumo, pois Carlos conhece bem as leis referentes a marcas e patentes.

## PAULO: DIRETOR-GERAL

**Paulo**, de 44 anos, é engenheiro e tem diploma de MBA (Master of Business Administration).

Ele dirige uma empresa média do setor mecânico, da qual também é acionista. Tornou-se presidente da empresa há cinco anos.

A organização tem boa saúde financeira, mas a crise vem reduzindo o seu crescimento e, conseqüentemente, as responsabilidades de Paulo.

Ele sabe que tem um bom emprego na situação atual do mercado de trabalho. No entanto, sente-se entediado e não aprende mais nada no cargo em questão.

Paulo deveria providenciar com urgência uma auto-avaliação, para:

• Encontrar novos desafios, novas responsabilidades e mais entusiasmo por seu atual trabalho.

• Procurar emprego em outra empresa, aperfeiçoando-se nas técnicas de entrevista para se candidatar e se apresentar totalmente preparado à um novo cargo.

É certo que, em seu nível hierárquico, as oportunidades são raras, o que significa que Paulo terá de passar por várias entrevistas antes de encontrar o cargo ideal.

Paulo sente que está vivendo em sua carreira a posição de "marcha à ré" (*ver p. 25*). Deveria repensar seus objetivos profissionais e pessoais.

No início de sua carreira, ele tinha um plano de curto prazo (encontrar emprego na área comercial) e um de longo prazo (tornar-se diretor-geral, se possível na condição de acionista minoritário).

Hoje tudo isso ficou para trás e ele já não tem um objetivo de longo prazo. Paulo não tem mais uma visão futura do que sua carreira deveria ou poderia ser. Ele não soube reatualizar seus objetivos.

Nesta altura Paulo precisa estabelecer urgentemente novas metas, de curto e longo prazo, e assim definir os recursos que vai mobilizar para colocá-las em prática. Seja qual for sua decisão, continuando no emprego atual ou mudando de empresa.

## Sofia: a dona de casa

**Sofia**, de 35 anos, tem um diploma na área de informática e experiência de sete anos numa empresa de Serviços em Engenharia e Informática, na função de chefe de projetos. Sua carreira estava indo muito bem, até que ela engravidou e decidiu se dedicar a criar os dois filhos.

Hoje os dois já estão na escola e Sofia quer voltar a trabalhar em período integral, não tanto por necessidade financeira e, sim, para se auto-realização, retomar contatos e ter mais estímulo intelectual.

Essa mudança é um grande desafio para Sofia. Ela tem dúvidas se ainda pode oferecer seus conhecimentos e aptidões técnicas em um mercado de trabalho que mudou muito.

O objetivo de Sofia é fazer sua auto-avaliação, listando todas as contribuições que pode oferecer a uma empresa. Em seguida, ela deve escolher, entre seus conhecimentos e aptidões, os que lhe dão mais prazer. A partir daí, ela deve traçar um perfil do emprego ideal e começar a procurá-lo. Se perceber que seus conhecimentos já não coincidem com o que o mercado quer, ela deve se reciclar rapidamente antes de sair em busca de emprego. Acima de tudo, ela não deve se desvalorizar, muito menos seu papel de mãe. Sofia deve, aliás, ressaltar as qualidades que desenvolveu nessa função: administração financeira da casa (orçamento das despesas, pagamento das contas, gestão da conta bancária), organização, decisão, ética, tolerância e adaptabilidade.

Sofia pode ter perdido algumas aptidões técnicas, mas que são amplamente compensadas pelas qualidades humanas que desenvolveu, as quais podem fazer falta em uma candidata solteira, que se dedica integralmente ao trabalho e apresenta uma vida pessoal desequilibrada.

Depois de concluir sua auto-avaliação, Sofia chegou à seguinte conclusão:

- Ela quer um emprego que lhe permita adquirir novos conhecimentos, mas que não seja muito estressante. A longo prazo, ela gostaria de se tornar consultora independente – e esse seu objetivo "secreto" redobra sua confiança para procurar um novo emprego.

## João: diretor financeiro

**João**, de 51 anos, acaba de ser demitido da empresa, recém-adquirida por uma multinacional norte-americana. Seu cargo foi extinto porque a empresa compradora já tinha um profissional ocupando cargo semelhante.

João trabalhou nessa empresa por 14 anos, seis anos no último cargo. Ele investiu muito tempo e energia na empresa, que passava por grandes dificuldades econômicas. Suas únicas "recompensas" foram horários difíceis, falta de férias, nenhum aumento de salário e, finalmente, a demissão.

No momento da sua auto-avaliação, João se sente amargurado, pois sua

(*continua*)

JOÃO: DIRETOR FINANCEIRO *(continuação)*

lealdade não foi levada em conta na decisão da multinacional. Ele não consegue achar um novo emprego, sente-se desorientado, inclusive porque não tem mais certeza se quer continuar no ramo financeiro.

João deve, então, tomar três atitudes:

- Fazer um balanço de suas aptidões e conhecimentos
- Decidir para onde quer ir nos próximos três anos e nos próximos seis anos.
- Deve compreender as novas regras do mercado de trabalho.

Tudo isso deve ser providenciado com urgência, pois João não respeitou as regras descritas atuais do mercado, ou seja, não se adaptou.

João tem de deixar a amargura de lado, pois ela só leva ao desemprego prolongado. Ele deve se esforçar para se adaptar aos novos tempos e planejar uma nova carreira.

## PARA UMA AÇÃO MAIS ESTRATÉGICA

### 10 Regras para conduzir a carreira no mundo dos negócios

1. Esqueça os velhos conceitos

**Comentário:** A competitividade do mundo globalizado exige que você não espere mais por um emprego "da sua medida". Você é que deve se atualizar para se adaptar ao mercado e às vagas em aberto. Também não espere ser reconhecido por ter sempre trabalhado para um mesmo empregador, porque reestruturações acionárias e aquisições hoje são muito freqüentes.

2. Leve uma vida mais equilibrada.
3. Você é o principal responsável por sua carreira – tanto pelos sucessos quanto pelos fracassos.
4. Auto-avalie-se regularmente: confira seu grau de empregabilidade e se certifique de que suas aptidões continuam valorizadas no mercado de trabalho.
5. Verifique constantemente se sua carreira caminha em frente.
6. Tenha disposição para mudar suas aptidões técnicas, caso elas se tornem obsoletas.
7. Aprenda a utilizar as novas tecnologias disponíveis.
8. Assuma a responsabilidade por sua formação profissional.
9. Planeje sua carreira a curto, médio e longo prazo, com planos alternativos.
10. Administre sua carreira de forma a manter certa "inquietação saudável".

Capítulo 2

# A ENTREVISTA: TÉCNICAS E ESTRATÉGIAS

# AGORA É COM VOCÊ

## A ABORDAGEM POR TELEFONE

O uso do telefone é parte do processo de busca de emprego. Poucos candidatos sabem utilizar essa ferramenta, o que é grave, já que o número de entrevistas obtidas é diretamente proporcional ao número de telefonemas que você conseguir dar.

Antes, porém, é preciso dominar algumas técnicas, úteis para quando é você quem telefona, mas também quando recebe a ligação (de um *headhunter*, um "caçador de talentos", por exemplo, ou em resposta a currículos que enviou). A entrevista por telefone é o assunto principal deste capítulo.

### O TELEFONE A SEU FAVOR

Não se iluda. Faz parte do processo de busca de emprego receber respostas negativas, principalmente quando se solicita uma entrevista. Isso é normal. Para obter respostas positivas, uma dica é respeitar as leis da estatística: quanto mais ligações você fizer, maiores serão as suas chances.

Não se acanhe com o receio de incomodar o interlocutor ao telefonar, porque, na verdade, você está propondo uma oportunidade que também interessa a ele e a empresa que ele representa: trabalhar com você.

Você precisa pensar que suas aptidões e talento representam exatamente aquilo que o empregador em questão estava procurando há muito tempo. Não esqueça também que, ao telefonar, você leva vantagem em relação a ele. E por três motivos:

- Você sabe mais sobre a empresa que ele representa do que ele sobre você. Em outras palavras, você sabe que tipo de qualidades pessoais eles procuram e se interessam. Bem preparado, certamente você causará boa impressão.
- O entrevistador é que está sendo pego de surpresa, não você, que se preparou para o telefonema. A decisão de marcar um encontro rapidamente, para ele, é inesperada.
- Você tem um objetivo em mente: obter uma entrevista.

**Regras para se sair bem ao telefone**

- Quando fizer a ligação, tenha caneta, papel e sua agenda ao alcance das mãos.
- Não ligue de sua casa, deitado na cama ou vestindo pijama. Coloque-se num contexto profissional.
- Se ligar do escritório, escolha o horário de almoço: é mais ético e tranqüilo.
- Se o interlocutor quiser aproveitar o contato para já fazer uma entrevista, evite. Alegue que está difícil continuar a conversa, mas que você terá oportunidade de discutir seu currículo em detalhes pessoalmente.
- Não deixe mensagem na secretária eletrônica do interlocutor. Você ficará com dúvidas se ele ouviu e por que não retorna. É preferível ligar mais tarde.
- Os melhores horários para ligar são antes das 9h; antes do horário de almoço, das 12h15 às 12h45, e depois das 18h. Sábado pela manhã também é uma boa opção.

## Como driblar a secretária

Muitas vezes, a tentativa de falar com a pessoa responsável pelo preenchimento de uma determinada vaga, um gerente ou diretor, por exemplo, é frustrada pela secretária dele. Orientada a filtrar as ligações que seu chefe recebe, é preciso ter tato para convencê-la a transferir a ligação. A seguir, veja algumas dicas de como alcançar seu objetivo.

### 1. Ir direto ao ponto

O telefone toca e a secretária atende. Com a voz bastante segura, peça para falar com seu interlocutor: "o sr. Queirós está? Aqui é o sr. Medeiros". Se a secretária for inexperiente, ela irá transferir a ligação. Caso seja experiente, vai lhe perguntar: "qual o assunto, por favor?".

Nesse caso, existem duas respostas possíveis. Se você escreveu uma carta de candidatura em que mencionava o telefonema, diga simplesmente: "o sr. Queirós está aguardando minha ligação", o que é verdade, pois isso foi mencionado na carta. Geralmente, é o que basta.

Mas se você não mandou carta nem currículo antes, explique rapidamente à secretária o motivo do telefonema: "tenho uma proposta a fazer ao sr. Queirós. Trata-se da minha candidatura a tal cargo. Tenho certeza de que ele vai se interessar. Preciso só de dois minutos para falar com ele".

**2. Insistir com educação**

Se a secretária resistir, tente ser gentil: "senhora, sei que sua responsabilidade é proteger a agenda de seu chefe. Mas a verdade é que ele está esperando meu telefonema. Tenho uma proposta interessante a a fazer a ele, só vai levar dois minutos".

**3. Usar a empatia**

Tente estabelecer uma relação de confiança com a secretária. Muitas vezes, ela pode ser uma boa fonte de informação. Ligue mais tarde, tratando-a sempre pelo nome, que você teve o cuidado de anotar e guardar. Se ela simpatizar com você, talvez possa defender sua causa diante do chefe.

**5. Ligar em horários alternativos**

Se a secretária for irredutível, procure ligar fora de seus horários de trabalho (bem cedo ou bem tarde). Ou tente descobrir o número do telefone direto de seu interlocutor.

## A ENTREVISTA POR TELEFONE

Quando você finalmente tiver acesso ao seu interlocutor, ou seja, ao profissional que decide sobre o preenchimento do cargo em questão, é bem provável que ele não marque de imediato a data da entrevista que você está solicitando. Em vez disso, tentará fazer uma pré-entrevista por telefone, para confirmar alguns dados. Portanto, tome cuidado: nenhum candidato é contratado após ser entrevistado pelo telefone. Muitos são rejeitados depois de 5 a 10 minutos de conversa. Você precisa estar preparado para isso. A seguir, algumas respostas possíveis servem para orientar você a se sair bem nessa situação.

## EXEMPLO

**Enfrentando a secretária**

Imagine que você conseguiu driblar a secretária e fazer com que o sr. Queirós atenda o telefone.

– Sr. Queirós?"

– Sim.

– Bom dia, aqui é João Medeiros. Sou chefe de produtos da empresa X & Y e lhe escrevi na semana passada. Lancei um produto X com sucesso e sei que minha experiência pode ser interessante para sua empresa. Eu poderia falar com o senhor na quarta-feira, dia 29, às 14h45, ou na quinta, dia 30, às 18h15 (o quarto de hora é um truque para dar a impressão de que o encontro será rápido). Que data seria melhor para o senhor?"

O interlocutor terá dificuldade em dizer "não", embora nada o impeça de reagir negativamente, alegando vários motivos:

– Lamento, não recebi sua carta.

ou, ainda,

– Não me lembro de sua carta.

**Comentário:** A partir daí, é sua vez de tentar contornar a situação. Veja a seguir possíveis respostas para você conseguir dar continuidade à conversa.

• **Insistir com educação**

– É uma pena que o senhor não tenha recebido minha carta, mas eu teria muito prazer em falar pessoalmente sobre a minha experiência, na terça-feira de manhã ou na quarta-feira à tarde. Poderia ser?

• **Obter mais detalhes do cargo**

– Sr. Medeiros, por que o senhor simplesmente não me envia seu currículo?

– Farei isso hoje mesmo. Mas só para ter certeza de que meu perfil interessa à empresa, o senhor poderia me dar mais detalhes sobre os requisitos exigidos para o cargo?

**Comentário:** Dessa maneira, você responde positivamente à observação do interlocutor e ainda colhe informações preciosas que podem facilitar sua sintonia com as necessidades da empresa.

• **Descobrir com quem falar**

– Todas as candidaturas são encaminhadas por meio do departamento de RH.

– Sim, eu entendo. Com quem devo falar lá?

**Comentário:** Ligue mais tarde para o departamento de RH, dizendo: "o sr. Queirós me pediu que ligasse a respeito de tal cargo".

• **Definir prioridades: a empresa antes do salário**

– Sr. Medeiros, antes de qualquer encontro, gostaria de saber sua pretensão salarial.

– Bem, na verdade, mais importante para mim é trabalhar numa boa empresa e ocupar um cargo instigante. Eu teria muito prazer em falar pessoalmente com o senhor sobre minha experiência e pretensão salarial na quinta-feira de manhã ou na sexta à tarde, seria possível num desses horários?

**Comentário:** Mencionar a sua pretensão pelo telefone pode inviabilizar a entrevista, seu principal objetivo nesse momento. Não é possível, porém, simplesmente não responder à pergunta feita. A melhor opção, portanto, é mostrar mais interesse pela empresa, preferindo falar sobre remuneração quando conhecer melhor os requisitos do cargo – e pessoalmente.

Por outro lado, se sua abordagem for recusada várias vezes por uma mesma empresa, tente descobrir por quê. Procure se informar com sua rede de conhecidos. Se não conseguir nada, volte suas atenções para outra empresa.

# Seleção via telefone

A entrevista por telefone serve mais para selecionar candidatos do que para contratá-los. O objetivo do entrevistador é detectar, pelo telefone, se você tem as aptidões exigidas (conhecimentos técnicos, domínio de idiomas, idade etc.). Ao se preparar para essa entrevista, você terá a oportunidade de se destacar, pois a maioria dos candidatos não se prepara e é pega de surpresa.

DICA

**Para a entrevista ao telefone, ter em mãos:**

- Sua agenda, para anotar a data do encontro.
- Seu currículo, para responder a eventuais perguntas.
- Uma lista de respostas para perguntas-chave.
- Uma lista de seus conhecimentos e qualidades.
- Uma pasta com a cópia dos anúncios que você respondeu.
- Um bloco de notas, lápis e calculadora.

## Quando telefonam para seu escritório

Se você está empregado, mas buscando novas oportunidades, é bem provável que seu atual chefe não saiba de nada, portanto, se receber uma ligação em seu escritório atual, feche a porta e pergunte ao interlocutor o nome dele, empresa, número de telefone e motivo da ligação.

Diga que gostaria de lhe telefonar mais tarde, ou, se preferir, se ele poderia ligar à noite, para sua casa. Dessa maneira, você evita constrangimentos e ganha tempo para se preparar.

## QUANDO TELEFONAM PARA SUA CASA

O conselho é o mesmo: tente ganhar tempo para se preparar melhor. Se não for a ligação que você mesmo solicitou que fosse transferida para sua casa, pergunte ao interlocutor se você poderia ligar em outro momento.

DICA

**Sorria ao telefone**
Mesmo que a pessoa do outro lado da linha não veja seu sorriso, ela poderá sentir a diferença. Ponha calor e entusiasmo na voz.

## EXEMPLO

**A ligação tão esperada**

– Bom dia, meu nome é X, da agência Y. Estou ligando porque o senhor nos enviou um currículo. Posso lhe fazer algumas perguntas?

**Comentário:** Ao receber essa ligação, lembre-se de que você estava esperando por esse momento. Não há por que ficar nervoso e deixar que o nervosismo atrapalhe tudo. As dicas a seguir ajudam você a se sair bem nessa primeira abordagem.

- Assim que atender ao telefonema, tente obter o máximo de informações possível: peça ao entrevistador que confirme seu nome, solicite o número do telefone dele (para o caso de a ligação cair), o endereço da empresa, o motivo da ligação etc.
- Preste atenção na conversa e faça com que o entrevistador perceba que você o escuta: "se eu entendi bem, o senhor procura um diretor Financeiro".
- Alguns entrevistadores tentarão desestabilizar você ao telefone, questionando: "por que o senhor deixou seu último emprego?". Esteja, portanto, preparado.
- Valide suas respostas: "eu respondi satisfatoriamente à sua pergunta? Mais alguma dúvida?".
- Não se precipite. Não fale depressa, é impossível dizer tudo em cinco minutos.
- Lembre-se sempre de que seu objetivo é conseguir uma entrevista na empresa.
- Evite as questões difíceis. Diga ao entrevistador que, para esse tipo de pergunta, seria melhor conversarem pessoalmente. Você pode dizer:

– Essa é uma pergunta importante. Tenho larga experiência no assunto e acho que seria preferível marcarmos um encontro. Estou livre na quinta-feira à tarde, depois das 18h. É um bom horário para o senhor?".

- Agradeça ao entrevistador.
- Escreva uma carta de agradecimento.

*"A coragem é a principal qualidade humana, pois garante todas as outras."*

**Aristóteles**

# Objeções feitas por telefone

Todas as objeções podem ser contornadas. Um dos caminhos para ter êxito nesse propósito é se mostrar compreensivo e responder às objeções com perguntas, para que você possa entender melhor o motivo de terem sido feitas.

Você não ganha nada se adotar uma postura de confronto. Pelo contrário, tente entender o ponto de vista do seu interlocutor. Ouça com atenção a objeção em questão e mostre-lhe que você o entende: "entendo sua posição", "concordo com o senhor", "é claro...", "mesmo assim, eu gostaria de ressaltar o seguinte", "mas o senhor não acha que".

## As seis objeções mais comuns

**1. "Por que não envia seu currículo?"**

Se o interlocutor, do outro lado da linha, fizer essa solicitação, ele pode ter duas intenções: está realmente interessado em seu currículo (e você deve mandá-lo o quanto antes, porque se trata do primeiro passo do processo de recrutamento da empresa), ou só está procurando uma maneira gentil de se livrar de você. É difícil, mas tente descobrir o que ele realmente quis dizer. Uma maneira de perceber isso, é responder o seguinte:

– Claro, sr. Queirós, o senhor poderia me dizer seu endereço e o nome exato do seu cargo na empresa? Obrigado. É só para eu ter certeza de que minha qualificação está de acordo com as exigências da empresa, saber que tipo de profissional exatamente o senhor está procurando.

Com esse tipo de resposta, você concorda com o seu interlocutor, mostra consideração e faz uma pergunta cuja resposta vai manter o diálogo vivo, além de conseguir uma informação estratégica.

**2. "Não tenho tempo para falar com o senhor"**

Não é nada agradável ouvir esse tipo de resposta, mas seu interlocutor pode muito bem reagir dessa forma. Nesse caso, a dica é concordar com ele e antes de desligar aproveitar rapidamente para dar o seu recado, dizendo:

– Claro, entendo perfeitamente que o senhor é uma pessoa muito ocupada. Aliás, é justamente nesse tipo de ambiente que eu gostaria de trabalhar. Em que horário do dia o senhor teria mais tempo? De manhã ou à tarde?

Geralmente o interlocutor vai encurtar a conversa ou pedir que você ligue mais tarde. Se não quiser dar margem a esse rumo, outra resposta possível, mais incisiva, é:

– Amanhã à tarde tenho um compromisso aí na região da sua empresa. E se eu passasse por aí para conversar rapidamente com o senhor? Poderia ser lá pelas 15h ou 18h?

**3. "Seu salário é muito alto!"**

Recomenda-se não mencionar a pretensão salarial por telefone. Mas se isso ocorreu é porque o interlocutor se interessou por sua experiência e qualificações. Nesse caso, tente mudar de assunto depressa, na tentativa de marcar um encontro pessoalmente para só então discutir a questão salarial (*ver Capítulo 4, p. 101*).

**4. "A vaga será preenchida internamente"**

Muitas empresas dão preferência a candidatos que já trabalham com ela, promovendo concursos internos para promovê-los, porque eles estão habituados e inseridos em sua cultura organizacional. Mas preferência não significa regra rígida, daí existir uma possibilidade para você se apresentar, dizendo:

– Sr. Queirós, eu entendo perfeitamente a política da empresa de apoiar a evolução e carreira profissional de seus funcionários. Esse é um dos motivos pelos quais gostaria muito de trabalhar com o senhor. Eu admiro muito sua empresa. Existe uma previsão para a contratação de pessoas de fora? Para que tipo de cargos?

As duas últimas perguntas sugerem a possibilidade de a empresa contratar no mercado, embora o interlocutor tenha dito exatamente o contrário. Nesse caso, você rebateu a objeção em questão de maneira profissional, já que é fato que todas as empresas fazem novas contratações, mesmo que raramente, porque isso faz parte do ritmo dos negócios e da vida empresarial.

### 5. "Informe-se no departamento de RH"

Ouvir uma frase como essa não é nada agradável, porque ela sugere que o interlocutor em questão não é quem decide ou que ele obedece à risca os procedimentos internos da empresa, não tendo o hábito nem interesse em atravessar qualquer tipo de processo.

Se isso ocorrer, é recomendável manter o tom de voz e mostrar o mesmo interesse manifestado até então, dizendo:

– Claro, sr. Queirós, com quem devo falar no departamento de RH? Qual vaga está em aberto?

Se ele mencionar uma vaga específica, é um ótimo começo. Antes de desligar, você ainda pode pedir um ou outro detalhe sobre ela. O passo seguinte é telefonar para o departamento de RH:

– Bom dia, sr. ou sra. (dizer o nome mencionado), o sr. Queirós, do setor tal, me pediu que ligasse para obter mais informações sobre a vaga em aberto e já marcar uma entrevista.

### 6. "No momento não precisamos de profissionais com o seu perfil"

Uma resposta dessas indica que a conversa não começou bem. Por outro lado, não é para desanimar, mas para perguntar se o interlocutor conhece outra empresa que possa se interessar pelo seu perfil e experiência ou, ainda, se a empresa vai abrir novas vagas em breve. Se ele responder "talvez", insista, sem medo de perguntar:

- Quando devo ligar novamente?
- Meu perfil é interessante para quais setores da empresa?
- Por acaso sua empresa tem filiais onde eu possa me candidatar?
- Que empresas do ramo têm maior taxa de crescimento?
- Com quem devo falar?

**PERGUNTE-SE**

- Fiz minha auto-avaliação com a maior sinceridade possível?
- Conheço meu currículo de cor e salteado?
- Conheço bem a empresa e sei com quem estou falando?
- Tenho certeza da contribuição que posso oferecer?
- Tenho perguntas prontas sobre a empresa onde quero trabalhar?
- Chequei o trajeto para chegar pontualmente ao local da entrevista?
- Sei de cor o nome, o cargo e o telefone da pessoa com quem vou falar?
- Meu traje é adequado ao cargo e à empresa?

## PARA UMA AÇÃO MAIS ESTRATÉGICA

**O que ter à mão para a entrevista**

- Um bloco de notas: as anotações que você fizer durante a entrevista serão úteis para preparar as próximas. Por outro lado, a atitude de tomar notas mostra que você se interessa pelas palavras do interlocutor.
- Um currículo idêntico ao que você enviou.
- O texto do anúncio publicado, se existir.
- Uma cópia dos artigos, dissertações e análises que você publicou.
- Uma lista das perguntas que você gostaria de fazer.
- Uma agenda (para eventualmente marcar uma segunda entrevista).
- Comprovantes de salário e atestados de empregos anteriores (mesmo que sejam raramente solicitados).

**Se estiver atrasado para a entrevista, você deve:**

- Avisar, mesmo se o atraso for de cinco minutos.
- Não se precipitar: se o atraso tiver sido comunicado, use mais cinco minutos para se recompor, ao chegar.
- Ter sempre em mãos um cartão com o nome, número de telefone e endereço do interlocutor e um celular ou cartão telefônico, caso precise ligar.

# COMO SE APRESENTAR

Lembre-se que bastarão 15 minutos para você causar uma primeira impressão e ser julgado por ela. É necessário, portanto, pensar em tudo muito bem, principalmente na maneira como vai se vestir, para que nenhum detalhe destoe do contexto e chame a atenção negativamente.

Regra básica: a apresentação de um candidato, a maneira como ele deve se vestir, precisa estar em sintonia com a atividade da empresa e o cargo pretendido. Na dúvida, escolha uma roupa impecável.

## ROUPAS PARA O TRABALHO

Qualquer roupa que você usar na primeira entrevista vai chamar a atenção, afinal, é com ela que você causará a primeira impressão. O traje profissional funciona como um cartão de visitas da sua identidade pública, ou seja, indica a aparência que você gostaria de dar ao cargo que vai ocupar. Portanto, cuide bem de seu "visual". Ele é um símbolo de sua valorização pessoal.

Evite cores muito vivas (rosa-choque, escarlate etc.); prefira cinza-claro, cinza-escuro, tons creme, preto. As mulheres devem evitar decotes, minissaias, transparências, roupas muito justas, brilhos, meias de náilon cintilantes, amarelas ou vermelhas.

Use roupas com as quais você se sinta bem, mas que antes de tudo sejam adequadas à situação e ao ambiente. No mundo dos negócios, por exemplo, terno para os homens e *tailleur*, ou vestido com *blazer*, para as mulheres, é acertar sempre.

Não esqueça: as roupas que você usar no dia da entrevista devem estar limpas e bem-passadas. Acompanhe a seguir algumas dicas de como se vestir e se apresentar para causar uma boa impressão.

DICA

**Bem vestido, para impressionar**

- Terno: deve ser do tamanho exato. Nada de usar um terno muito largo, que fique solto no corpo e transmita ar de desleixo. Tampouco use um terno muito apertado, que vai fazer com que você pareça gordo. Cuidado com as mangas e calças curtas ou compridas demais – as mãos não devem ser encobertas e as canelas não devem aparecer quando você se senta. Dê atenção especial à barra da calça, para que não "desabe" sobre os sapatos. Evite ternos antigos, siga a tendência da moda atual.
- Camisa: a gola não deve ser folgada demais, ou seja, a folga deve ser de um dedo, caso contrário, você parecerá "descarnado". As mangas e a gola da camisa não devem estar puídas.
- Gravata, pasta executiva, cinto e meias: não aperte demais o nó da gravata, porque assim você parecerá acanhado. A ponta da gravata deve alcançar e cobrir a fivela do cinto, que deve ser da mesma cor dos sapatos. Já as meias devem ser da mesma cor das calças e jamais serem meias de se usar com tênis. Evite pastas ou bolsas, a não ser para cargos específicos em que elas são de uso corrente, como em bancos, empresas de publicidade e de comunicação.
- Sapatos: evite sapatos visivelmente desgastados, porque transmitem desleixo. Procure dar-lhes brilho antes da entrevista e evite usar tênis, que não combinam com a grande maioria dos ambientes de trabalho.

## Acessórios discretos

Mulheres e homens podem usar jóias e perfumes, mas moderadamente. O perfume deve ser suave, adequado à estação e jamais utilizado em excesso, até mesmo porque algumas pessoas são alérgicas a suas fragrâncias. Todos os candidatos devem evitar pulseiras que fazem barulho, pois ao mexerem os braços podem distrair o interlocutor.

Recomenda-se a candidatos de ambos os sexos não usarem *piercings*, e aos homens, não usarem brincos. Dependendo da cultura da empresa, esses adornos pessoais podem não ser bem-vistos. Tanto os homens quanto as mulheres devem preferir a pasta ou maleta executiva à mochila, porque ela dá à aparência um aspecto mais profissional.

## Cabelos asseados

Os cabelos devem estar limpos e asseados, recém-aparados, se possível. Aos homens é recomendável usar cabelo curto e não usar barba – embora algumas empresas aceitem barba, mas desde que seja muito bem-feita e tratada.

Caso você tenha caspa, inicie o quanto antes um tratamento anticaspa. Evite comparecer à entrevista com os ombros cheios de pontinhos brancos. Lembre-se: durante a entrevista, seu objetivo é chamar a atenção sobre sua experiência e idéias – e não sobre sua aparência.

## Dentes saudáveis

Dentes limpos dependem de uma boa higiene bucal. Caso contrário, você pode ter mau hálito. Nesse caso, pode acontecer de o entrevistador ficar mais preocupado em evitar seu hálito ruim do que prestar atenção em suas experiências. Se você tiver problemas sérios nos dentes e gengivas, principalmente se ficarem à vista das pessoas, procure um dentista. Esse é um bom investimento quando você está à procura de emprego.

Outro detalhe importantíssimo: se a entrevista estiver marcada para logo depois de uma refeição, não se esqueça de escovar os dentes. E, se possível, use anti-séptico bucal.

## Mãos impecáveis

As mãos e as unhas devem estar limpas e tratadas. Comparecer à manicure antes da entrevista é recomendável. Se não for possível, é importante que as unhas estejam cortadas, sem esmalte trincado ou sujeira. Use uma escovinha de unhas, se preciso. As mulheres não devem usar unhas longas e esmaltes de cores chamativas (roxo, verde, com desenhos etc.).

## Voz bem entoada

Durante a entrevista, nunca fale depressa demais. Perceba que ao diminuir o ritmo da fala, você torna suas idéias mais inteligíveis e atraentes. Quando discursam em público, os políticos se baseiam na seguinte regra: "o tempo de fala é igual ao tempo de silêncio", o que significa que as pausas são sempre bem-vindas (desde que não sejam excessivamente longas), para dar tempo de assimilar o que foi dito, organizar as idéias e respirar. Lembre-se ainda que a voz grave é preferível à voz fanhosa ou estridente. Exercite-se.

## Postura natural

Procure agir com naturalidade durante a entrevista, começando por se instalar confortavelmente na cadeira. Existem movimentos e gestos que traduzem suas intenções, portanto, cuidado (*ver "Dica" abaixo*).

Caso pense que os cuidados com a postura são um exagero, saiba que muitos candidatos perdem as vagas que tanto sonharam por não darem atenção a esses detalhes. Saiba que se um entrevistador de repente se deparar com dois candidatos com as mesmas qualificações, ele poderá preferir o que tem as unhas limpas, os cabelos livres de caspa e tiver tido uma postura mais apropriada ao se manter sentado e ereto durante a entrevista.

Um candidato experiente que costuma ser chamado todas as vezes em que se apresenta em uma entrevista confessa que, durante o processo, ele dá máxima atenção aos detalhes: usa papel timbrado com seu nome para imprimir o currículo, emagrece (da última vez foram oito quilos), corta os cabelos e engraxa os sapatos. Para ele, orgulhar-se da própria aparência faz as pessoas transmitirem uma atitude mais positiva – e isso certamente influencia o interlocutor.

DICA

**O corpo fala**

Quando você inclina o corpo para trás, dá a impressão de que está tentando se proteger. Quando avança para a frente, quer convencer o interlocutor. Se ficar sempre na mesma posição, dá a idéia de que é uma pessoa rígida. E se se contorcer demais na cadeira, é porque se sente nervoso e pouco à vontade, pode dar a idéia de ser uma pessoa instável. É claro que existem exceções, mas se você quiser causar uma boa impressão, lembre-se de que o corpo fala.

## PARA UM AÇÃO MAIS ESTRATÉGICA

**Postura errada**
**Durante a entrevista, se eu me sentar:**

- Com as pernas juntas e as mãos espalmadas nas coxas, estou querendo dizer que "sou uma pessoa dócil, maleável, consciencioso, perfeitamente qualificada para funções subalternas".
- Com os braços cruzados e cruzar as pernas, colocando o tornozelo sobre o joelho oposto e mostrando a sola do sapato, estou transmitindo a idéia de que "sou uma pessoa inacessível, estou me protegendo".
- Com os músculos enrijecidos, tenso, com o rosto crispado e um sorriso forçado, darei idéia de que "sou uma pessoa difícil de me relacionar e trabalhar em equipe".
- Cada hora de um jeito, movimentando-me demais, balançando as pernas, batendo com os pés, oscilando de um lado para o outro, mexendo no cabelo ou no rosto insistentemente, vou transmitir a impressão de que "sou uma pessoa insegura e instável".

**Postura certa**
**Durante a entrevista, se eu me sentar:**

- Com as pernas cruzadas sem esforço, um cotovelo apoiado no braço da cadeira e a outra mão sobre uma das pernas, mantenho a cabeça e as costas retas, transmitirei uma imagem bastante positiva.

# COMO SE EXPRESSAR

**Evite:**

- Frases sem conclusão (frases interrompidas).
- Expressões desnecessárias: "eu diria que", "mas realmente", "com efeito", "mas veja bem" etc.
- Linguagem imprecisa: "coisa", "negócio", "treco", "cara", ou seja, qualquer palavra que possa sugerir pobreza de vocabulário ou preguiça intelectual.
- Gírias e frases feitas: "está bombando", "tipo assim", "o *hit* do momento", "tá ligado" etc.

## Atenção ao vocabulário

**Evite:**

- Frases longas e pouco objetivas. Prefira os verbos de ação aos verbos passivos.
- Palavras de conotação negativa: problema, desgraça, preocupação etc.
- Frases negativas.
- Linguagem empolada e gírias.
- Exagerar nos sujeitos indefinidos, como "as pessoas" ou "a gente", porque pode dar a impressão de que está se escondendo atrás dos outros.
- Exagerar no pronome "eu", porque pode sugerir um ego exarcebado.
- Jargão técnico, principalmente na primeira entrevista, já que o entrevistador nem sempre está a par de todos os detalhes da sua profissão.

## Olhar atento

Durante a entrevista, não desvie o olhar do entrevistador, mas também evite encará-lo fixamente por muito tempo. O olhar franco e direto é preferível, porque revela uma pessoa ancorada no presente. O olhar baixo indica mal-estar e dissimulação. Olhar para cima sugere uma personalidade imaginativa, mas fora da realidade.

## Os primeiros cinco minutos

Por que é tão importante causar boa impressão logo no primeiro contato? Simplesmente porque, de todos os sentidos humanos, a visão costuma fornecer as informações mais importantes. Para muitos de nós, ver é a condição básica para acreditar. Portanto, a primeira impressão que você vai causar no interlocutor é essencialmente visual.

Imagine a seguinte situação: suas mãos estão úmidas de suor, as unhas estão roídas e você tem grãos de caspa sobre um lindo *blazer* azul-marinho. O profissional de recrutamento vai imediatamente reparar em tudo isso. Antes mesmo de começar a entrevista, você transmitiu uma impressão negativa com detalhes que poderiam ser facilmente evitados.

Antes de tudo, é preciso dar a impressão de asseio e limpeza. Em seguida, suas roupas e atitude devem sugerir profissionalismo, para que o interlocutor se reconheça em você. As pessoas se sentem mais à vontade quando conversam com alguém com quem se identificam. Daí a importância de você se informar sobre os usos e costumes da empresa onde pretende trabalhar.

### Impressão que fica

Imagine-se na sala de espera, aguardando uma entrevista. Ao ouvir seu nome, você se levanta, o entrevistador pode vir recepcioná-lo e conduzi-lo até o escritório – ou você poderá ser conduzido até lá por uma secretária.

Deixe-a seguir na frente pelo labirinto de corredores até o escritório. Evite qualquer comentário inútil, como "a vista do escritório é muito bonita" ou "as instalações da empresa são fantásticas".

Depois de 30 segundos de conversa com o entrevistador, tenha certeza de que ele já teve de você uma primeira impressão – positiva ou negativa. A entrevista vai fazer com que ele confirme ou não a sua hipótese inicial. Portanto, a primeira impressão é essencial, pois muitas vezes serve de base para a entrevista. É importante que, desde o início, sua atitude seja dinâmica e você se mostre sorridente, positivo.

Assim que chegar à empresa, portanto, diga seu nome na recepção, tomando cuidado para não abusar dos tratamentos "senhor" ou "senhora", "doutor" ou "doutora", porque pode parecer pretensioso. Responda educadamente às fórmulas de boas-vindas do recrutador e apresente-se, dizendo: "bom dia, eu sou João Medeiros, muito prazer, obrigado por me receber".

Dê um aperto de mão firme e sincero (se suas mãos ficarem úmidas enquanto está na sala de espera, lave-as no banheiro). Não se comporte como se a partida estivesse ganha. Pergunte onde pode deixar o casaco ou a bolsa e espere até que o interlocutor convide você a se sentar. Depois, espere até que ele tome a palavra.

*"Existem pessoas tão aborrecidas que você perde um dia inteiro passando cinco minutos com elas."*

**Jules Renard**

## A ordem de apresentação

Não existe prova científica, mas os recrutadores acreditam que a ordem de apresentação dos candidatos influi no resultado final. É melhor, portanto, ser recebido na segunda leva de candidatos – e por vários motivos:

- Muitas vezes, os primeiros candidatos servem para que o entrevistador entenda melhor o perfil exigido para o cargo.
- A imagem dos candidatos entrevistados por último permanece mais fresca na memória do entrevistador.
- No início, o recrutador está procurando um candidato ideal, mas ao longo das entrevistas acaba relevando suas exigências diante das dificuldades que encontrou para o recrutamento.

DICA

**Uma foto para lembrar**
Caso você não tenha anexado uma fotografia no seu currículo, aproveite a entrevista para, ao final, deixar uma foto com o recrutador, assim ele vai se lembrar de você na hora de decidir pela contratação ou de marcar uma nova entrevista. Não se esqueça de anotar seu nome e telefone no verso da foto.

# TEMPO DE ESPERA

Uma espera aceitável varia de 5 a 15 minutos. Caso contrário, procure a recepcionista ou a secretária e pergunte se o horário da sua entrevista está certo. Dessa maneira, ela vai confirmar o horário e dar uma previsão de quanto ainda é preciso esperar.

# COMO AGIR DURANTE A ENTREVISTA

## Atitude errada

### 1. "Seja você mesmo"

Embora esse conselho seja bastante comum, trata-se de um grande erro, porque simplesmente as pessoas não desempenham sempre os mesmos papéis. Um homem pode, por exemplo, ao mesmo tempo ser um diretor Jurídico, um pai de família, um torcedor fanático etc. Que parte de si mesmo um candidato deve então representar durante a entrevista? É por isso que o conselho "seja você mesmo" não quer dizer nada.

Ao longo da entrevista, você tem de escolher e assumir um único papel: o do profissional que está à procura de emprego e tem contribuições significativas a dar à empresa. Essa é a melhor atitude a tomar.

**2. "Seja natural"**

Cuidado com a "naturalidade", já que nem sempre é a melhor atitude a ser tomada. Pense bem: coçar-se é uma atitude natural, mas coçar o corpo ostensivamente durante a entrevista não causará boa impressão.

A entrevista não é um confessionário, você não deve se estender sobre todos os seus defeitos e imperfeições, sobretudo quando esses assuntos não têm relação com o cargo almejado. Da mesma forma, a entrevista não é um intercâmbio filosófico ou cultural, em que você revela seus pensamentos sob o pretexto de ser honesto, natural ou autêntico. Esse é um jogo perigoso.

Não se esqueça de que a entrevista é um processo imparcial, impessoal, imaterial. A entrevista pode conter armadilhas, envolver preconceitos, ser subjetiva. O interlocutor pode eliminar você por causa de sua barba ou simplesmente porque você gosta de ouvir *rock*.

## Atitude correta

**"Dê o melhor de si mesmo, só o melhor"**

A entrevista de recrutamento e seleção não é uma discussão aberta em que os participantes estão em pé de igualdade. Na verdade, você está ali vendendo uma "mercadoria" (você) e o entrevistador pode comprá-la ou não.

Antes de você receber uma proposta de emprego, é o entrevistador quem tem as cartas na mão. O poder só estará em suas mãos quando finalmente receber a proposta de emprego em questão.

LEMBRE-SE

**Não esqueça de:**

- Sorrir: essa é sua melhor linguagem corporal.
- Adotar uma atitude positiva e entusiástica, para contagiar positivamente seus interlocutores.
- Não demonstrar expressão de tédio, mesmo que o emprego e o entrevistador estejam entediando você.
- Tentar conseguir uma proposta de emprego, mesmo que você não vá aceitá-la (receber uma proposta aumenta a autoconfiança de qualquer um).
- Ter cuidado com seu senso de humor: use-o com cuidado.
- Tentar conquistar a simpatia do interlocutor, afinal, ele vai contratar uma pessoa com a qual se sinta bem.

## NA PONTA DA LÍNGUA

**Ao participar de uma entrevista, seu objetivo é:**

- Convencer o interlocutor de que você é o melhor candidato.
- Colher informações sobre a empresa e sobre o que ela espera de você.
- Negociar e tomar uma decisão, se receber uma proposta de emprego.
- Tirar uma lição para seu futuro profissional, independentemente do resultado obtido.
- Criar uma relação de confiança entre você e o interlocutor.

## PARA UMA AÇÃO MAIS ESTRATÉGICA

**Para vencer o medo da entrevista, você deve:**

- Relaxar na véspera (ver um bom filme, por exemplo).
- Gastar energia, mas sem exageros: praticar um esporte, caminhar etc.
- Fazer exercícios de respiração abdominal: o relaxamento muscular favorece o equilíbrio psicológico. Mantenha-se em posição ereta e respire profundamente, dilatando o ventre.
- Ensaiar pontos da entrevista com um amigo.

LEMBRE-SE

**Candidatos que não agradam nunca:**

- "O tagarela", que não deixa o interlocutor falar.
- "O questionador", que não pára de fazer perguntas.
- "O inseguro", que se exprime mal, gagueja, dá respostas tortuosas ou vagas, fica se contorcendo na cadeira.
- "O nervoso", que tem um discurso sem nexo, dá respostas contraditórias, faz gestos desordenados, ri o tempo todo.
- "O caladão", que é monossilábico e só responde "sim" ou "não", não sabe "vender seu peixe", não mostra entusiasmo nem atitude positiva.
- "O pretensioso", que já viu tudo, já fez tudo e sabe tudo sobre tudo.
- "O indiscreto", que revela assuntos confidenciais do emprego anterior.
- "O egocêntrico", que só ouve a si mesmo e não tenta entender o interlocutor.
- "O sem-educação", que é indelicado e grosseiro.

*"Toda pessoa tem três personalidades: a verdadeira, a que ela mostra em público e a que ela julga ter."*

**Henri Becque**

# AÇÕES E REAÇÕES DO RECRUTADOR

Cada entrevistador se comporta de uma maneira. A entrevista é uma arte difícil, pois é pouco estudada do ponto de vista teórico – e tampouco é praticada regularmente dentro das empresas.

Por essa razão, é possível que o recrutador lhe cause surpresa ou mesmo decepção. O objetivo deste capítulo é alertar você sobre as possíveis ações e reações desse seu interlocutor, para que não aconteçam surpresas desagradáveis e prejudiciais durante a entrevista.

## A ENTREVISTA IDEAL

É aquela que apresenta a seguinte estrutura e seqüência:

- Duração de 1 hora a 1 hora e 30 minutos.
- Começa com uma apresentação do recrutador sobre o plano da entrevista.
- O candidato apresenta seu currículo (em 10 minutos, no máximo).
- O entrevistador faz perguntas sobre o currículo.
- O entrevistador descreve o cargo a ser preenchido.
- O entrevistador indaga ao candidato se tem perguntas a fazer.
- O candidato faz perguntas sobre o cargo (e, se quiser, fala da questão salarial).
- Tiram-se conclusões: o que o candidato acha do cargo, qual a opinião do recrutador sobre a qualificação do candidato etc.

## PARA UMA AÇÃO MAIS ESTRATÉGICA

**O que evitar numa entrevista:**

- Entediar o interlocutor, falando demais sobre seus problemas.
- Queixar-se sobre a conjuntura, com frases como "pois é, a crise não é fácil".
- Contar sua vida pessoal.
- Contradizer o interlocutor ou pôr em dúvida a sua capacidade (mesmo que você tenha razão, porque agindo assim o emprego nunca será seu).

**Como agir numa entrevista:**

- Ir direto ao que interessa.
- Falar de seus outros interesses (sem dar a impressão de que eles poderiam afetar sua vida profissional).
- Simplificar sua mensagem.

- A cada assunto abordado, convencer o interlocutor de que sua presença vai representar uma vantagem para a empresa.

## QUANDO SÓ O CANDIDATO FALA

Existe um tipo de entrevista em que o recrutador se contenta em fazer uma única pergunta, bem genérica, no início da entrevista. Normalmente ele diz: "fale um pouco sobre você", "apresente seu currículo" ou "fale sobre sua atividade profissional".

Se a entrevista começar dessa maneira, faça um relato vibrante e atraente sobre você e sua experiência profissional. Mas não se limite a explicar cronologicamente os acontecimentos de sua vida, porque assim corre-se o risco de fazer um relato monótono. Tente desenvolver seu currículo de maneira a convencer o interlocutor de que você se sente realmente motivado.

O relato não deve passar de 10 minutos, a não ser que você tenha 30 anos de experiência profissional. Mas mesmo assim não fale demais, pois você ainda não tem informações concretas sobre a vaga a ser preenchida. Quanto mais você disser, portanto, mais exposto ficará.

Saiba que com esse tipo de entrevista, o interlocutor tem dois objetivos: testar os nervos do candidato sem revelar informações concretas sobre o cargo em questão e num momento do processo em que ele próprio ainda não tem elementos suficientes para julgar você. Por último, pode ser que o interlocutor não tenha o hábito de recrutar candidatos, ou seja, ele pode ser uma pessoa muito tímida e inexperiente nessa área.

Cabe a você tirar conclusões sobre a possibilidade de vir a tê-lo como futuro chefe. Seja como for, mostre uma atitude objetiva e apresente argumentos consistentes e coerentes.

## NA PONTA DA LÍNGUA

**Ao ouvir "fale sobre você", você deve:**

- Colocar em prática o que você ensaiou na véspera. Esse é o momento de apresentar o resumo que preparou (sem ler, é claro!), destacando sua experiência e conhecimentos técnicos. Os argumentos devem ser condizentes com o cargo e a apresentação levar no máximo 10 minutos.
- Procurar esclarecer a questão, dizendo: "tenho muito a dizer sobre mim mesmo, mas quero me concentrar nos pontos que mais interessam. O que o senhor deseja saber exatamente?".

## Entrevista silenciosa

Recorrer ao silêncio é uma das táticas dos recrutadores para desconcertar o candidato sentado diante deles. Perturbado, o candidato tenta preencher o vazio falando demais, o que é sempre um erro.

Se a entrevista for silenciosa, entre no jogo e respeite os momentos em que o recrutador permanecer quieto, calando-se por 10 segundos no máximo. A seguir, pergunte se o que acabou de dizer é suficiente ou se ele prefere um comentário mais detalhado.

## Entrevista livre

Bastante parecida com a entrevista silenciosa, a diferença fica por conta das poucas perguntas que o entrevistador faz. Uma dica, nesse caso, é aproveitar as questões como oportunidade para vender sua imagem e passar uma mensagem positiva.

## Entrevista informal

A mais comum das entrevistas, do tipo pergunta e resposta, é considerada a mais eficaz, porque promove um verdadeiro intercâmbio de informações: o interlocutor pergunta e você responde, com a liberdade de se expressar melhor sobre este ou aquele assunto.

Mas tome cuidado para não perder de vista o fato de que você está ali para "vender" sua imagem e não para discutir à toa com uma pessoa simpática. O entrevistador pode inserir verdadeiras armadilhas durante a entrevista. Portanto, fique alerta e seja objetivo.

## Entrevista dirigida

Se a entrevista seguir um plano traçado de antemão, respeite-o cuidadosamente. Essa é a entrevista dirigida, em que você precisa responder a muitas perguntas, o que não será problema se você estiver bem preparado.

## Entrevista técnica

Trata-se de um tipo de entrevista essencial para cargos técnicos, como de engenheiro, contador, desenhista etc. Nessa entrevista, você é confrontado com uma situação técnica que, para ser resolvida, exige conhecimentos específicos e inerentes ao exercício da função.

## Entrevista sob pressão

O objetivo dessa entrevista é colocar o candidato numa posição defensiva, para assim analisar suas reações. É bem possível que você passe por essa entrevista algum dia, já que o mundo dos negócios não é exatamente um mar de rosas e existem funcionários que realmente gostam de exercer pressão psicológica sobre os candidatos.

Na prática, os entrevistadores vão minimizar suas conquistas, suas decisões serão criticadas, assim como suas qualidades pessoais. Não se assuste com isso e não tire conclusões apressadas. Faz parte da técnica dessa entrevista e outros candidatos passarão pela mesma situação.

Para não ser pego de surpresa, algumas das possíveis perguntas e respostas para essa modalidade de entrevista estão listadas a seguir.

PERGUNTAS E REPOSTAS

**Perguntas sob pressão, respostas nem tanto**

– Você teve boas chances na vida?
– Em minha vida profissional ou pessoal?

**Comentário:** Com essa reposta você ganha cerca de 20 segundos de trégua para refletir melhor. Na seqüência, esclarecida a questão, responda "sim", dando exemplos concretos.

– O senhor se considera uma pessoa rica?
– A que tipo de riqueza o senhor está se referindo?

**Comentário:** Argumente que existem vários tipos de riqueza: financeira, intelectual, espiritual, por isso precisa de mais detalhes. Essa resposta permite que sua imagem não fique associada, por exemplo, a de uma pessoa materialista, caso você imediatamente relacione a palavra "rica" com bens materiais.

– Explique-me por que o senhor está aqui.
– Antes de mais nada, quero agradecer pela oportunidade desta entrevista. Para responder rapidamente à sua pergunta, eu diria que estou aqui por dois motivos: o senhor está procurando um candidato com experiência na função e inglês fluente.

**Comentário:** Essa resposta permite que você seja objetivo e já aproveite para ressaltar sua experiência e possível contribuição para o cargo em questão. É um jeito de desarmar perguntas agressivas.

**LEMBRE-SE**

Sorria e fale com calma, principalmente quando for responder questões mais incisivas. Lembre-se de ressaltar suas qualidades, conquistas concretas e potencial de contribuições a prestar à empresa. Fique de olho na sua linguagem corporal, procurando não revelar suas emoções com gestos nervosos, mãos trêmulas e atitudes desajeitadas.

## Entrevista comportamental

Cada vez mais comum, a entrevista comportamental se baseia na idéia de que o passado de um indivíduo prediz o seu futuro. Para isso, o entrevistador pede ao candidato que cite exemplos do que fez no passado, que conte algumas conquistas concretas a fim de ilustrar sua experiência. As perguntas (*ver abaixo*), fazem parte desse tipo de entrevista.

Lembre-se de que nessa modalidade de entrevista o interlocutor está mais interessado em seu poder de argumentação, em sua capacidade de resolver os problemas do que em saber como exatamente aconteceram os fatos. Daí a importância de preparar bem a entrevista, pois é muito difícil contar experiências pessoais sem antes ter refletido bem sobre elas.

**PREPARE-SE**

**Com os ouvidos bem atentos**

Para se sair bem numa entrevista comportamental, prepare suas respostas para as seguintes perguntas:

- Que comportamento o senhor teve em tal ou tal situação?
- Qual foi sua reação?
- Quando isso aconteceu?
- O que o senhor faria se...?
- Conte-me o que se passou quando...
- Descreva os acontecimentos...
- Fale-me sobre o momento em que sua empresa foi vendida.
- Qual foi sua atitude diante dos colaboradores?
- O que o senhor fez para motivá-los?
- O senhor pode me dar um exemplo de situação em que tomou uma decisão estratégica?

## Exigências inaceitáveis

É possível que, como parte do processo de seleção, uma das solicitações da empresa seja a criação de um projeto. Podem pedir, por exemplo, que os candidatos preparem um projeto de marketing de um novo produto, a ser apresentado durante a entrevista.

Esse tipo de exigência é inaceitável, duvidosa e pouco ética, porque além de custar tempo e dinheiro, não há garantia de que as idéias dos desclassificados não serão aproveitadas, inclusive pelo ganhador.

Infelizmente, não existe solução mágica para evitar esse tipo de exigência. Mas é possível que você se resguarde escrevendo na capa do projeto "Copyright©", com seu nome e data, e o termo "confidencial" em cada página.

Argumente que esse projeto vai lhe custar muito tempo e veja se é possível apresentar um trabalho mais curto. Se o recrutador for uma pessoa sensata, talvez entenda que está exagerando e poderá rever sua posição.

## Diante de um entrevistador incompetente

Ser entrevistado por pessoas que não têm a menor idéia das técnicas de uma entrevista é delicado. Talvez seja uma das situações mais difíceis de enfrentar durante o processo de seleção.

Mas tudo pode ser ainda pior se o entrevistador não se der conta da sua própria ineficiência, acreditando que sua experiência humana e seu *feeling* são suficientes para recrutar o candidato certo. Para melhor enfrentar uma situação dessas, analise os exemplos a seguir.

PERGUNTE-SE

- O recrutador realmente conseguiu apreender algo sobre minhas qualificações e experiência?

Se ao final da entrevista você tiver a impressão de que seu interlocutor ainda não entendeu quem é você, quais foram suas conquistas profissionais e seus propósitos, é bem provável que você tenha conversado com um entrevistador incompetente.

### Sete mostras de incompetência

**1. O entrevistador permite ser interrompido o tempo todo**

Você vai surpreender o entrevistador se anotar num papel o ponto em que a conversa foi interrompida. Quando ele retomar o assunto, faça um resumo do que foi dito. Ele vai se impressionar com sua boa memória. Com as interrupções você poderá refletir melhor sobre seus argumentos.

**2. Em meio à desordem, o entrevistador não encontra seu currículo**

Mais do que despreparo do interlocutor, isso é uma prova de desrespeito para com o candidato. Mas fique calmo, não mostre irritação ou despeito. Para contornar situações como essa, tenha em mãos um currículo extra.

**3. O entrevistador fala sem parar durante 30 minutos**

É até curioso que esse tipo de situação ocorra, mas às vezes, por puro despreparo, o recrutador pode passar a maior parte da entrevista falando do cargo e da empresa – e assim ficar sem tempo de lhe fazer perguntas.

Se ocorrer algo parecido, tente aproveitar as pausas que ele fizer para ressaltar suas qualidades e entender as necessidades de seu futuro empregador.

Não tenha receio de interrompê-lo, para dizer: "sr. Sampaio, posso lhe contar um pouco sobre minha experiência como chefe de contabilidade?". Com certeza, depois dessa pergunta, ele vai lhe passar a palavra.

**4. O entrevistador só aponta os aspectos negativos do cargo**

Procure não se desconcertar. Dê razão ao interlocutor, dizendo que você concorda com ele, que todos os cargos de uma empresa têm pontos negativos, mas deixe claro que você também vê muitos pontos positivos no cargo e na empresa em questão.

**5. O entrevistador só fala das qualidades que permitem ascensão**

Diga simplesmente que esse é justamente o ambiente de trabalho que você sempre procurou (se for o caso, é claro).

**6. O entrevistador só formula perguntas restritivas**

É claro que diante dessas perguntas talvez você só consiga responder "sim" ou "não", sem ter a oportunidade de apresentar suas qualidades e traços de personalidade. A saída para uma situação dessas é usar a criatividade para tentar estender a resposta. A seguir, uma boa sugestão de como proceder:

– Você gosta de trabalhar sob pressão?

– Sim. Acho que certa dose de pressão é um fator positivo. Ela ajuda a manter a atenção. Também acho que, hoje em dia, é essencial saber trabalhar sob pressão, já que o mundo está sempre mudando. Não existem situações definitivas.

**7. O entrevistador evita olhar nos olhos do candidato**

Numa situação dessas, ou o interlocutor é uma pessoa tímida, ou não está sendo totalmente sincero. Tente ajudá-lo, sorria, não o fite nos olhos, facilite a sua tarefa, dizendo: "o senhor gostaria que eu falasse sobre minha experiência anterior?".

## Entrevista por videoconferência

Trata-se de um recurso cada vez mais comum, porque é menos dispendiosa, já que não exige gastos com transporte. Para se sair bem nessa modalidade de entrevista, as dicas a seguir são extremamente úteis:

- Olhe para a câmera de frente, nunca de lado, e evite que seu rosto brilhe demais (um pouco de maquiagem ajuda).
- Evite usar roupas brancas, pretas, listadas e de cores vivas.
- Não gesticule demais, não balance o corpo, não fique muito perto da câmera.
- Considere o fato de que, por causa da longa distância, podem ocorrer atrasos na transmissão.
- Mantenha o contato visual e sorria.

*"Qualquer pessoa pode encontrar um lugar ao sol, principalmente quando todas as outras preferem ficar na sombra".*

**Jules Renard**

## Tipos de entrevistador

### 1. "O pensador"

Diante desse tipo de interlocutor, tenha certeza de que ele tomará suas decisões a partir de fatos concretos. É por isso que faz questão de estudar o currículo do candidato antes da entrevista e o utilizar como fio condutor da conversa. Justamente por conhecer bem o currículo em questão, ele também tem condições de apontar falhas e de discutir em detalhes os momentos mais importantes da carreira do candidato.

Em geral, ele toma notas e revela muito pouco das suas emoções.

### 2. "O amigo"

Esse recrutador decide a partir de seu *feeling* pessoal e de como acha que vai se entender com o candidato em questão. Ao contrário do "pensador", ele revela suas emoções e abre o coração. Se você examinar bem o escritório dele, tem boas chances de encontrar fotografias pessoais.

Trata-se de uma pessoa que tenta colocar o candidato à vontade, com o objetivo de tentar encontrar interesses em comum. Mas cuidado: isso não é motivo para você abandonar suas defesas, nem pretexto para deixar de responder às perguntas de maneira objetiva.

**3. "O condutor"**

O recrutador que se enquadra nesse estilo se utiliza tanto dos fatos quanto das suas emoções para chegar a uma conclusão sobre o candidato.

Ele aprecia os fatos, mas não os apresenta de maneira fria e estereotipada. Prefere um relato autêntico, que envolve certa emoção. Lembre-se que, muitas vezes, esse tipo de interlocutor procura nos candidatos qualidades como lealdade e obediência. Na verdade, ele está em busca de "soldados" que venham reforçar seu "exército".

É por esse motivo que ele pode eliminar candidatos que mostrem originalidade e iniciativa. Se a autonomia é um fator vital para você, cuidado com esse tipo de entrevistador.

**4. "O líder"**

Não espere uma entrevista tradicional com esse recrutador. Ele vai fazer todo tipo de pergunta para tentar visualizar o candidato nas mais diferentes situações e relações. Por exemplo, ele pode perguntar: "qual foi o dia mais feliz de sua vida?", para, em seguida, indagar: "sabe me explicar por que as tampas dos bueiros são redondas?".

O objetivo desse entrevistador não é saber se você realmente corresponde ao perfil exigido para o cargo, se vai se integrar à estrutura e cultura da empresa, mas sim descobrir como a sua experiência pode ser útil para a solução de problemas.

Ele é uma espécie de interlocutor que pode decidir, de repente, que você não serve para a vaga em questão, mas pode ser útil para outro cargo dentro da empresa. Nesse caso, você deve agir com simplicidade, mostrar-se flexível e refletir depressa para ver de que maneira sua experiência pode ser aproveitada.

Ou seja, se o entrevistador estiver julgando você e "testando" seus limites, entre no "jogo". Adequar suas respostas à personalidade do interlocutor não é uma atitude desonesta.

## DIANTE DA REJEIÇÃO, A VOLTA POR CIMA

Pode ocorrer de o entrevistador não revelar as objeções que tem em relação a um determinado candidato. Talvez ele prefira agir dessa maneira porque já tem outro profissional em mente e queira terminar logo a entrevista com você. Afinal, ele já tomou sua decisão.

Não é fácil desmascarar as objeções do interlocutor, se ele não quiser colocá-las para você. A maioria dos candidatos acha que, durante a entrevista, não deve falar de aspectos negativos. Mas isso é um grande erro. No contexto em que interessa a você saber por quê, de antemão, o recrutador já lhe descartou, é preciso fazer com que as impressões negativas que ele teve venham à discussão. Talvez seja o único jeito de seu interlocutor se lembrar de você depois.

É claro que durante esse diálogo será preciso manter a calma e a paciência, já que ninguém gosta de ouvir por que motivos não serve para o cargo a que se candidatou. As dicas a seguir ajudam a se preparar para isso.

- **Ouça atentamente, para entender por que foi descartado**

Ouvindo com atenção o que o entrevistador tem a falar, você conquista o seu respeito. Assim, ele se anima a fazer perguntas sobre os pontos que considera problemáticos em sua carreira.

Se você achar que uma determinada pergunta esconde uma objeção, não responda imediatamente. Primeiro confirme suas dúvidas, dizendo: "o senhor poderia, por favor, me explicar melhor esse ponto?".

- **Mostre ao interlocutor que você entendeu o ponto de vista dele, repetindo o que ele disse com suas próprias palavras**

Se você disser algo como "se eu entendi bem, o senhor acha que minha experiência como gerente não foi suficiente para a vaga em questão?", ou, ainda, "na sua opinião, esse é o único ponto fraco da minha candidatura?", e a resposta for afirmativa, você deve insistir no assunto. E por uma única razão: você está demonstrando interesse em se aperfeiçoar. Além, é claro, de mostrar que a opinião dele é importante para você.

- **Neutralize a objeção**

Agora que o entrevistador sabe que você está disposto a ouvir, que você entendeu a objeção que faz em relação à sua candidatura, provavelmente ele vai deixar que você continue falando, para tentar se explicar e responder às críticas feitas.

## Lições Práticas

Se as objeções prévias do entrevistador à sua candidatura, originadas das informações de seu próprio currículo, são um fato consumado, é provável que já na primeira entrevista ele decida que você não é "o candidato ideal".

É justamente nesse momento, portanto, que você deve estar preparado para enfrentar o que for dito e tentar tirar proveito da situação, ao menos para não passar despercebido pelo processo.

Se você está se "vendendo", a exemplo daquilo que é inerente ao processo de venda, ou seja, o vendedor tendo de enfrentar objeções do comprador, aqui você terá de aprender a lidar com elas e tirar lições, que, com certeza, serão bastante úteis em outras ocasiões. O exemplo a seguir e as possíveis saídas para as quatro objeções mais comuns listadas abaixo vão ajudar você a encarar melhor essas situações.

## EXEMPLO

**Diferente, mas útil**

Imagine que você é chefe de produção de uma empresa de cosméticos e está se candidatando a uma função idêntica em outro setor, na indústria automobilística, por exemplo.

A objeção que o entrevistador fizer será perfeitamente legítima: diante de áreas tão díspares ele tem dúvidas se sua qualificação e experiência podem realmente ser úteis em situações que vão exigir conhecimento de causa na hora de resolver problemas e apresentar soluções. Por isso, ele está prestes a encerrar a entrevista.

– Bem, se o senhor não tem mais perguntas...

– Não, acho que já terminei. Em tudo o que eu disse, existe alguma coisa que deixou o senhor em dúvida sobre minha capacidade para o cargo em questão?

– Não, acho que não. No entanto, é fato que o senhor não tem nenhum conhecimento no setor automobilístico, mas isso não é necessariamente essencial.

– Sim, esse aspecto não foi abordado em detalhes, mas concordo que é uma informação importante para o cargo. Eu gostaria, no entanto, de insistir em dois pontos: é verdade que nunca trabalhei na indústria automobilística, mas esse é um setor que conheço muito bem, pois tenho paixão por automóveis, leio regularmente as revistas especializadas, acompanho os relatórios anuais das principais empresas e entendo bem do assunto. Além disso, tenho conhecimento sobre novos métodos de marketing, inclusive com uma série de resultados alcançados e que também funcionam nessa área. Devo falar mais um pouco sobre isso?

## As quatro objeções mais comuns: como sair delas

### 1. Demissão ocultada

Você foi demitido do emprego anterior, mas não mencionou isso no currículo. O entrevistador levanta a questão, perguntando:

– Estou lendo aqui que o senhor deixou a firma X & Y em julho. Por que motivo?

– Na verdade, fui demitido.

– Pode me contar o que aconteceu?

A partir desse momento, você deve respeitar quatro regras de ouro para que a demissão não se torne uma objeção decisiva:

- Não ponha a culpa no chefe anterior, uma atitude contraproducente. O futuro empregador pode achar que, se você é capaz de criticar o ex-patrão, vai fazer o mesmo com ele. Além disso, cuidado, talvez os dois se conheçam.
- Não fale demais sobre o lado negativo da questão. Você pode dar a impressão de que está vivendo no passado e que o presente não é uma prioridade.
- Aceite suas responsabilidades. O motivo de uma demissão nem sempre pode ser atribuído só ao patrão anterior. Muitas vezes, a culpa é de ambas as partes. Você tem que examinar objetivamente seus erros e os pontos que contribuíram para a sua demissão.
- Relacione as lições positivas que você tirou dessa experiência, já que sempre existem lados negativos e positivos. Nesse ponto, você deve tentar convencer o interlocutor de que o emprego anterior serviu para seu amadurecimento – e você não pretende repetir os mesmos erros.

**PERGUNTE-SE**

Para enfrentar o tema "demissão do emprego anterior", prepare suas respostas para as seguintes perguntas:

- Como explico minha demissão?
- Por que as coisas chegaram a esse ponto?
- O que eu poderia ter feito para remediar o problema e não fiz?
- Em que meu próprio desempenho contribuiu para a demissão?
- Por que não consegui me entender com meu ex-chefe?
- Eu já sabia que seria demitido?
- Por que demorei tanto para reagir?
- Quando senti que meu emprego estava em perigo, por que não procurei meu superior hierárquico?
- Por que não procurei o diretor do chefe da minha seção?
- Tive problemas parecidos em outros empregos?
- Depois dessa experiência, o que eu mudaria?

**2. Idade inadequada e excesso de qualificação**

É proibido rejeitar candidatos apenas por causa da idade, embora todos os anos centenas de pessoas acima de 50 e 60 anos sejam preteridas e amarguem a fila do desemprego.

Isso acontece porque os empregadores vêem no candidato mais velho custos mais altos, desempenho pior e dificuldades em se adaptar às diversas situações. Além disso, os mais velhos se aposentam mais cedo, o que diminui o retorno do investimento da contratação.

A seguir veja como enfrentar uma entrevista que faz esse tipo de objeção:

– Na empresa X & Y, o senhor comandava 25 pessoas, mas neste cargo só vai ter responsabilidade direta sobre três pessoas – e por um curto período, no máximo por três anos.

– Sei disso perfeitamente, mas a gerência não é minha motivação principal. Sempre dirigi equipes grandes e tenho experiência nesse sentido. Hoje, porém, o que mais me interessa é coordenar equipes pequenas.

– O senhor está consciente de que essa função envolve muita pressão?

– O que me interessa é justamente isso. Minha saúde é perfeita e, como já disse, estou procurando um novo desafio. Nos empregos anteriores, sempre consegui enfrentar a pressão. Levo uma vida muito equilibrada e acho que posso transmitir esse equilíbrio aos membros da minha equipe.

**3. Oportunidades desiguais**

É fato de que as oportunidades de trabalho não são iguais para homens e mulheres. Embora a qualificação feminina esteja despontando no mercado atual e, em alguns casos, superando a masculina, as melhores vagas ainda são destinadas aos homens. Durante a entrevista, portanto, é possível que surjam várias objeções relacionadas à idéia pré-concebida de que a mulher:

- Pode não ter a mesma capacidade e competência que o homem para algumas funções.
- Quando casada, não consegue se dedicar exclusivamente ao trabalho, por causa das responsabilidades familiares.
- Não se dá bem em cargos que envolvem muitas viagens.
- Tem menos chances do que o homem em um ambiente industrial.

O preconceito contra as mulheres vem de longa data e se manifesta de várias maneiras. Para enfrentar esse tipo de objeção à vaga pretendida, é importante primeiro sondar o entrevistador sobre o assunto, fazendo-lhe a seguinte pergunta: "quantos gerentes mulheres trabalham em sua empresa?".

Essa questão pode deixar o interlocutor em posição defensiva, mas geralmente permite verificar de imediato se existem restrições às mulheres na empresa. Além disso, é importante preparar os argumentos para convencer o interlocutor de que é possível, sim, conciliar a atividade profissional e a vida familiar.

**4. Deficiência física**

Ainda é grande a resistência dos entrevistadores em relação à capacidade de um deficiente para realizar certas tarefas. Entrevistar um deficiente que se candidata a um emprego também pode ser uma experiência nova para muitos recrutadores. Nesse caso, aconselha-se:

- Não mencionar o assunto da deficiência, caso o interlocutor não disser nem perguntar nada.
- Concentrar o discurso nas suas capacidades, qualificação e contribuição a ser dada à empresa.
- Propor um contrato de trabalho temporário, se perceber resistência do interlocutor. Talvez assim ele se sinta mais à vontade para testar você.

# Estudo de casos

## Ana: a jovem recém-formada

Num jovem recém-formado, os empregadores procuram as seguintes qualidades: equilíbrio, ambição, adaptabilidade, vontade de aprender. **Ana** tem, portanto, de preparar seu discurso de modo a projetar essa imagem durante a entrevista.

É preciso, porém, que ela evite duas falhas bastante comuns nos recém-formados: não mostrar entusiasmo suficiente e não saber exatamente por que está ali – o que acontece geralmente quando não se lê o anúncio classificado com atenção, não se tem projetos, não se sabe nada da empresa e nem se prepara para responder às principais perguntas da entrevista.

Ana precisa evitar esses erros e ensaiar respostas sobre sua formação acadêmica, realizações extracurriculares e universitárias. O entrevistador vai tentar entender as motivações de Ana, para decidir se ela tem boas chances de se integrar ao ambiente da empresa em questão.

Ana também deve demonstrar uma atitude profissional, adequando sua linguagem, vocabulário e apresentação à situação e à empresa. Muitas vezes, os jovens recém-formados acham que podem se vestir de qualquer maneira, só porque nunca trabalharam antes. Usar uma gravata, um terno cinza-escuro ou um *tailleur* não vai prejudicar ninguém. O resto é seguir os conselhos deste livro.

## Carlos: o jovem advogado

Se **Carlos** decidir mudar para outro escritório de advocacia ou para uma grande empresa, mesmo que ele já tenha uma experiência no currículo também deve seguir a maioria dos conselhos apresentados neste livro.

## Paulo: diretor-geral

**Paulo** tem de entender que, para um cargo de seu nível, o futuro empregador vai fazer perguntas detalhadas e a entrevista terá um maior nível de exigência. Daí a necessidade de ele estar muito bem-preparado.

O interlocutor quer descobrir que contribuição pessoal Paulo tem condições de dar à empresa. Vai procurar provas concretas de seu sucesso profissional no passado. Por isso, a cada frase, Paulo tem de demonstrar, argumentar, provar com números e fatos concretos que ele é o homem certo para o cargo. Além disso, o interlocutor vai fazer perguntas específicas, como:

– Se o senhor estivesse na situação Z, o que faria?

– Se o senhor tivesse um problema administrativo X, como reagiria?

## Sofia: a dona de casa

No mercado de trabalho atual, as pessoas que pararam de trabalhar, mesmo que por motivos justificados, têm cada vez mais dificuldades para encontrar um novo emprego. Apesar disso, **Sofia** precisa transmitir uma imagem positiva e mostrar entusiasmo.

Durante a entrevista de recrutamento e seleção, o entrevistador vai tentar desestabilizar Sofia. Vai perguntar por que ela quer voltar à ativa, já que, financeiramente falando, ela não precisa; já que sua vida está bem-organizada e ela pretende ter mais filhos. Trata-se de perguntas normais e Sofia deve responder sem agressividade.

## João: diretor financeiro

O maior obstáculo para **João** é sua falta de autoconfiança e a "mancha" em seu currículo (ao menos na opinião dele), por causa da demissão anterior. Seu objetivo durante a entrevista é eliminar qualquer sinal de rancor ou amargura (mesmo que isso pareça difícil) e transmitir uma imagem positiva. Ele não deve, portanto, falar demais sobre a demissão anterior. Ao contrário, tem de ressaltar suas qualificações, experiência e qualidades humanas.

João precisa estar pronto para responder perguntas sobre sua competência e

(*continua*)

### JOÃO: DIRETOR FINANCEIRO *(continuação)*

os motivos da demissão. Ele tem de convencer o futuro empregador de que foi demitido por razões que não vão prejudicar sua capacidade de assumir o novo emprego. João precisa ressaltar outras referências positivas de seu currículo, para mostrar o máximo de sintonia com os antigos chefes.

DICA

**Portas abertas**

Sempre que possível, tente sair bem de um emprego deixando as portas abertas com os ex-colegas e ex-patrões. Se isso não aconteceu no passado, tente construir um bom relacionamento a partir de agora. Mas não espere ficar desempregado para agir diferentemente.

Capítulo 3

# OS VÁRIOS TIPOS DE ENTREVISTA

## Capítulo 3

# A ETAPA DECISIVA

## Entrevista por indicação

Muitas vagas não são anunciadas nos jornais nem comunicadas a intermediários tradicionais, como *headhunters* ("caçadores de talentos") e agências de emprego. São vagas que terminam preenchidas por indicação, muitas vezes porque o empregador procura um candidato de confiança.

A possibilidade de conseguir um emprego por meio de indicação justifica a importância estratégica de se ter e manter uma rede de contatos (*networking*, em inglês), na qual se incluam pessoas que também tenham elas próprias suas redes de contatos, e assim por diante.

Administrar bem uma rede de contatos é saber explorar o efeito "bola de neve" que ela possui. Comece, portanto, falando sobre seus sucessos e atividades para amigos, familiares, colegas de escritório, clientes, parceiros de negócio, ex-colegas da universidade, médicos, advogados, políticos etc., para que a informação sobre suas qualificações se espalhe rapidamente.

### O que esperar da rede de contatos

Os empregos não caem do céu. É preciso ir atrás deles. Entre em contato com pessoas indicadas por amigos para, por exemplo, pedir conselhos sobre seu ramo de atividade, informações sobre cargos que você conhece pouco, e, eventualmente, para perguntar dois ou três nomes que você poderia contatar em nome delas.

Se por sorte a pessoa a quem você consultar lhe oferecer um emprego, sinta-se satisfeito, pois assim você atingiu seu objetivo mais depressa do que esperava. Todas as informações obtidas nessas conversas podem ajudar você a pesar os prós e os contras sobre seu emprego atual e também sobre um futuro emprego. Este pode ser, aliás, um trunfo a mais na hora de conversar com um empregador em potencial.

Mais um detalhe: nunca esqueça de agradecer à pessoa de sua rede de contatos que lhe fornecer informações úteis e comunique mais tarde os resultados dessa indicação.

## Entrevista com empresas de recrutamento

Assim como existem muito profissionais capazes de ajudar você a encontrar um emprego, bastante diversificada também é a atuação dos profissionais que trabalham com recrutamento e seleção.

Grande é o percentual de executivos recrutados anualmente pelas agências de emprego, daí ser uma boa alternativa recorrer a elas na hora de buscar uma nova vaga ou recolocação, mas desde que essas agências desfrutem de boa reputação. Caso contrário, seu currículo pode correr o risco de parar nas mãos de profissionais antiéticos.

Uma das principais queixas em relação a agências pouco idôneas está no fato de não encaminharem os candidatos às várias entrevistas de emprego prometidas – trabalho pelo qual cobram um preço alto –, alegando que não houve interesse de nenhum empregador por sua experiência, quando, na realidade, não houve empenho necessário. Portanto, cuidado, informe-se bem antes de procurar por uma delas.

## As agências de emprego

O trabalho de mediação realizado por uma agência de emprego transcorre em várias etapas. Primeiro, o consultor recebe de seu clientes as instruções sobre a vaga a ser preenchida. É a própria empresa contratante que dá esse passo inicial. A agência começa então a procurar os candidatos, consultando seu cadastro e/ou por meio de anúncio nos classificados.

Por esse trabalho, ela costuma receber uma comissão de 15% a 25% do salário anual bruto do candidato a ser contratado. Quanto maior o nível hierárquico do profissional, maior a comissão da agência.

Depois de entrevistar, em média, uma dúzia de candidatos, o consultor da agência faz uma "triagem" e escolhe de quatro a cinco profissionais, que então apresenta ao cliente. Na última etapa é feita a proposta de emprego ao candidato escolhido.

Durante esse processo, o consultor age como intermediário entre o candidato e a empresa contratante. O interesse dele é satisfazer as duas partes envolvidas: em primeiro lugar, o candidato, já que ele é um futuro cliente em potencial, principalmente quando se trata de um executivo. Em segundo, a empresa, seu cliente, que, se gostar do serviço, pode voltar a contratá-la.

O consultor não é, portanto, inimigo nem aliado. Ele apenas atua como um "filtro", selecionando quais candidatos se aproximam mais do perfil exigido para o cargo e descartando os demais.

Por causa da independência que ela mantém em relação à estrutura e hierarquia da empresa contratante, a agência de recrutamento age de maneira objetiva. Ela tenta definir com a maior exatidão possível o grau de adequação entre o candidato e a vaga a ser preenchida, a cultura da empresa e sua direção.

A remuneração do consultor depende do sucesso de sua missão, por isso ele prefere não correr riscos. Seu objetivo é descobrir até que ponto a experiência do candidato coincide com os critérios exigidos para o cargo.

Muitas vezes, antes mesmo de explicar qual é a vaga a ser preenchida, o recrutador convoca o candidato para uma entrevista. É durante essa conversa que tanto o candidato obtém mais informações sobre o cargo em aberto, quanto o recrutador avalia se ele tem condições de continuar no processo de seleção.

**PERGUNTE**

- Qual o perfil e setor da empresa?
- Quais as exigências do cargo?
- Qual a personalidade do chefe ou superior hierárquico do cargo?
- Quais serão as próximas etapas do processo de recrutamento?
- Quem é o interlocutor na empresa em questão?
- Existem outros candidatos? Qual é o perfil deles?
- Qual é minha posição em relação aos outros candidatos?
- Sobre salário e benefícios: com quem devo discutir esse assunto na empresa e em que momento?
- Qual é sua opinião sobre meu currículo? Ele tem falhas que eu possa corrigir?
- Que objeções o empregador pode fazer sobre minha experiência profissional? Como responder a elas?

## PARA UMA AÇÃO MAIS ESTRATÉGICA

**Na agência de recrutamento, você deve evitar:**

- Reagir e demonstrar irritação com as perguntas difíceis.
- Falar em tom arrogante frases como: "o senhor me chamou, bem, estou ouvindo"; "primeiro, diga-me algo sobre o cargo", ou, ainda, "foi o senhor que me procurou, o interesse partiu do senhor, qual é a faixa de salário?".

- Dar a impressão de que está empregado, quando não é verdade. O consultor pode telefonar para a empresa em que você diz trabalhar e descobrir a mentira.
- Tentar disfarçar sua verdadeira personalidade. Lembre-se de que está diante de um consultor experiente que pode "desmascará-lo" facilmente.
- Fazer perguntas muito técnicas, que poderão constranger o interlocutor, que nem sempre tem condições de responder.

## ENTREVISTA COM UM *HEADHUNTER* ("CAÇADOR DE TALENTOS")

*Headhunters*, em geral, só recrutam candidatos para cargos com salário superior a R$ 5 mil mensais. Os honorários desses "caçadores de talentos" representam 1/3 da remuneração anual bruta do primeiro ano de emprego do candidato contratado. Esse valor é pago da seguinte maneira: 1/3 no início do processo, 1/3 na apresentação dos candidatos à empresa (depois da primeira triagem) e 1/3 no final, quando o profissional escolhido assinar seu contrato de trabalho com a empresa.

As chances de alguém conseguir emprego por intermédio de um "caçador de talentos" são mínimas. De um lado, porque eles têm poucos cargos a oferecer por causa do *off-limit*, ou seja, o compromisso que firmam de não abordarem, por um determinado período, os profissionais das empresas que são seus clientes.

De outro lado, porque esse profissional procura, para cada cargo, um grande número de candidatos: telefona para 50 pessoas, encaminha 20 nomes para o cliente, entrevista uns 12, faz sua triagem até chegar a apenas cinco candidatos, que ele então apresenta pessoalmente ao cliente.

A abordagem de um *headhunter* acontece da seguinte maneira: você recebe um telefonema no escritório: "bom dia, sr. X, quem está falando é Y, da empresa de recrutamento Z & Associados. Um de meus clientes está procurando um diretor Financeiro para uma multinacional norte-americana. O senhor tem alguns minutos?".

Talvez você não tenha interesse em mudar de emprego naquele momento, mas o fato é que surgiu uma oportunidade. Como reagir? A primeira dica é: responda com cautela, mas mostre interesse. É preciso ter cuidado com "caçadores de talentos" de ética duvidosa, que, na verdade, são contratados por algumas empresas para testar a lealdade de seus próprios executivos. Por isso, recomenda-se, ao ser abordado por um desses profissionais, fazer perguntas sobre a agência em que trabalham e a atividade que desenvolvem.

PERGUNTE

- O senhor tem exclusividade nesta missão? Ela é confidencial?
- Quais são as principais responsabilidades do cargo?
- E as dificuldades?
- Qual é a faixa de salário?
- Por que essa vaga está sendo oferecida? Desde quando?
- Por que a contratação ainda não ocorreu?
- Quais são as dificuldades para preencher a vaga?
- Qual é o tamanho do departamento, seu volume de negócios e estratégia?
- Quais são os objetivos gerais da empresa?
- Qual é a situação atual da empresa no mercado?
- Que fatores determinam o sucesso profissional da empresa?
- Quais são as possibilidades de crescimento da empresa?
- Na sua opinião, quais são as vantagens para a minha carreira se eu mudar para esse cargo?

Se você ficar satisfeito com as respostas, pode aceitar uma proposta de entrevista. Saiba que essa primeira conversa não será muito diferente de uma entrevista de recrutamento tradicional. A única diferença é que o *headhunter* tem mais experiência no ramo: a missão dele é avaliar, nos mínimos detalhes, o potencial do candidato – que pode ser você!

Não se acanhe, portanto, em fazer todo tipo de perguntas sobre o cargo, pois o *headhunter* também precisa convencer você de que a mudança pode ser um fator positivo para sua carreira.

## ENTREVISTA PARA TRABALHO TEMPORÁRIO

Existem determinadas ocasiões em que o trabalho temporário pode ser uma ótima solução, como, por exemplo, quando você está em férias escolares ou é recém-formado e ainda não tem experiência suficiente para decidir que carreira seguir. Ele também pode ser útil quando você quer mudar a direção da sua carreira e precisa testar novos caminhos; quando você busca horários mais flexíveis, sem compromisso de longo prazo, ou quando você está desempregado e precisa encontrar uma ocupação o quanto antes.

Em outras palavras, o trabalho temporário lhe dá a liberdade de trabalhar quando e onde você quiser, com a vantagem de que, em muitos casos, leva à contratação definitiva.

No caso de um trabalho temporário, a agência especializada nesse tipo de recrutamento pede menos informações sobre os candidatos, mas também fornece menos dados sobre a vaga a ser preenchida, se comparada ao processo de intermediação realizado por *headhunters* e agências de recrutamento tradicionais.

O recrutador da agência de trabalho temporário procura checar principalmente os conhecimentos técnicos dos candidatos. Uma boa dica é se inscrever em várias agências para aumentar as próprias chances de conseguir um emprego.

**PERGUNTE-SE**

- Quais as responsabilidades do cargo?
- Qual o tipo de contrato?
- Existe a possibilidade de ocorrer uma contratação definitiva?
- Qual o horário de trabalho? É fixo ou flexível?
- Como será o pagamento? Qual o valor? Será feito pontualmente?

# ENTREVISTA NO DEPARTAMENTO DE RH

Antes de um candidato conhecer seu futuro patrão ou superior hierárquico, é comum passar antes por uma entrevista com o responsável pelo departamento de RH (recursos humanos) da empresa. O objetivo dele é encontrar um candidato que se enquadre da melhor forma possível no perfil definido pelo chefe do setor da vaga em aberto. Portanto, ele age como um consultor interno que recebeu do chefe a missão de fazer o recrutamento e a seleção, por isso, não tenta "inventar moda", mas seguir o protocolo, justamente para evitar riscos.

Para se sair bem nesse tipo de entrevista, a primeira dica é conhecer bem a cultura, os serviços e os produtos da empresa em questão, assim como saber responder corretamente às perguntas de cada tipo de recrutador (*ver Capítulo 5, p. 113*). Se o profissional de RH achar, por conhecer bem de perto a cultura da organização que representa, que você pode ter dificuldade para assimilar a mentalidade e os costumes em questão, não vai ter dúvida em eliminar você .

# A ENTREVISTA

Existem vários tipos de entrevista e de chefes de RH. Algumas entrevistas são formais e bem-estruturadas, outras mais parecem um bate-papo descontraído. O objetivo do profissional de RH é descobrir quem você é, para ter certeza de que existem afinidades entre você e os demais funcionários da empresa.

**DICA**

- Facilite a tarefa do entrevistador: faça um resumo de seus pontos fortes e enfatize sua capacidade de atender às necessidades do cargo e do superior hierárquico.
- Fale com clareza e objetividade, seja breve. Não adianta mentir, pois o entrevistador pode perceber.
- Não faça perguntas que deixem o entrevistador em posição defensiva nem que revelem que você sabe mais do que ele sobre a empresa e o cargo.
- Não demonstre dificuldade em dar respostas sobre assuntos que você deveria conhecer.
- Não canse o entrevistador com um discurso demasiadamente técnico, já que ele, em geral, conhece bem a empresa, mas nem todos os detalhes da vaga a ser preenchida.
- Não se esqueça de que ele vai fazer perguntas sobre sua personalidade e motivação.

**PERGUNTE**

- Qual é o estilo administrativo da empresa?
- Como meu trabalho será avaliado? Com que critérios?
- Quais serão minhas principais responsabilidades?
- Qual é a personalidade do meu superior imediato? Qual seu estilo de administração? Qual foi sua carreira na empresa?
- Quais são as perspectivas desse cargo?
- Por que o funcionário anterior deixou o emprego?
- O rodízio de funções é uma prática comum dentro da empresa?
- Qual é o perfil das pessoas que têm sucesso na empresa?

A entrevista com o responsável pelo RH, não importa qual a fase do processo seletivo, é de grande importância. É ele, por exemplo, que fala sobre a questão salarial, por isso esteja preparado (*ver Capítulo 5, p.113*). Além disso, ele exerce influência sobre o chefe da vaga em aberto, que sempre se utiliza das conclusões do RH para confirmar seu *feeling*.

## Entrevista durante um almoço

Candidatos que passam pela primeira triagem, podem às vezes ser convidados para conversar durante um almoço. Essa técnica é capaz de revelar muito sobre os candidatos, por isso é preciso ter cuidado com ela, já que dificulta a concentração e facilita a ocorrência de confidências, aumentando as chances de se cometer deslizes.

As regras a seguir podem ajudar você a passar por mais essa etapa.

- Prepare-se como se estivesse indo para uma entrevista normal. Nunca abandone suas defesas.
- Por mais que o ambiente seja amigável, nunca esqueça de que você está sendo julgado. Sua atitude e seus gestos podem trair você.
- Evite o álcool. Se o interlocutor insistir muito, beba só um gole e compense com muita água.
- Se possível, não fume.
- Peça um prato que você já conheça, de preferência leve: cuidado com a feijoada e o vatapá.
- Se você não gostar da comida – se a carne estiver mal passada, por exemplo –, não reclame. Tente ser o mais discreto possível.
- Seja gentil com o garçom, mesmo se ele for incompetente.
- Não tente pagar a conta. Você foi convidado e as despesas correm por conta da empresa. Acima de tudo, aproveite a ocasião para ter uma boa idéia da personalidade do seu futuro chefe e/ou empregador.

## Entrevista com uma banca

Ser entrevistado por uma só pessoa já é uma experiência difícil, imagine ser obrigado a enfrentar uma banca, em que se é analisado e julgado por várias pessoas ao mesmo tempo. Nesse caso, é sempre útil se valer das dicas a seguir.

- Pergunte quantas pessoas vão conduzir a entrevista, para não ser pego de surpresa.
- Antes da entrevista, descubra os nomes e títulos dos integrantes da banca.
- Prepare-se da melhor forma possível, pois com toda certeza você vai enfrentar uma "bateria" de perguntas.
- Olhe nos olhos de todos os entrevistadores – não só no daquele que fez a última pergunta.

- Dirija suas palavras para cada um dos membros da banca, um por vez.
- Aperte as mãos e sorria para todos, no começo e no final da entrevista.

## Outra entrevista com o mesmo interlocutor

Ao chegar a esse estágio da seleção, é porque você já passou pelas "semifinais", ou seja, a decisão final está entre dois ou três candidatos. Em princípio, todos estão em pé de igualdade, portanto, cabe ao recrutador criar um critério de desempate – o que não é algo simples. Para se sair bem, acompanhe as dicas a seguir.

DICA

- Reflita sobre as exigências do cargo, para ressaltar as experiências prévias que você ainda não teve tempo de comentar (mas só se corresponderem às qualidades exigidas).
- Faça perguntas mais específicas: isso mostrará que você refletiu entre as duas rodadas de entrevistas.
- Retome alguns dos temas abordados na primeira entrevista. Diga, por exemplo: "quando conversamos duas semanas atrás, o senhor mencionou uma possível expansão da empresa para os Estados Unidos. Gostaria de dizer que tive uma ótima experiência, de dois anos, como responsável pela filial norte-americana tal. Foi assim que eu me familiarizei com determinada rotina (faça um resumo da experiência). Aliás, acho que seus produtos têm boas chances no mercado norte-americano pelas seguintes razões (enumerar)".
- Aborde pontos que você não apresentou de maneira convincente na primeira entrevista. Analise por que isso aconteceu e dê outros argumentos.

## Entrevista com outra pessoa da mesma empresa

Muitas vezes, os candidatos são recebidos por vários interlocutores dentro de uma mesma empresa. A técnica é utilizada porque, ao multiplicar as opiniões, a empresa que recruta tem uma margem de manobra bem maior.

Nesse caso, lembre-se de que a pessoa que entrevistou você pela primeira vez – e que gostou de você –, nem sempre tem a palavra final.

Cuidado, portanto, para não se decepcionar. Aconteça o que acontecer, prepare-se para a entrevista como se cada interlocutor não soubesse nada a seu respeito, mesmo que você tenha de responder às mesmas perguntas da primeira entrevista.

Mas isso não é motivo, porém, para responder literalmente, palavra por palavra, tudo o que você já disse antes. Provavelmente, o segundo ou terceiro interlocutor tem uma visão diferente do cargo em questão, portanto, suas expectativas são diferentes. Trate de se adaptar a cada interlocutor.

Aproveite, no entanto, a oportunidade extra para vender sua imagem e para aprender mais sobre o cargo e a empresa. Faça perguntas.

## Entrevista em grupo

A entrevista em grupo acontece da seguinte maneira: numa sala de reunião, juntam-se vários candidatos ao mesmo cargo, diante de um ou dois recrutadores, onde cada um terá de debater determinado assunto.

Trata-se de uma técnica utilizada para recrutamento em massa, geralmente de jovens recém-formados ou candidatos a uma equipe de vendas.

Entrevistas em grupo são úteis, por exemplo, para candidatos que farão parte de uma redação de jornal, cuja edição deve ficar pronta em poucas horas. O objetivo dos recrutadores, nesse caso, é analisar as reações de cada participante e identificar traços de sua personalidade.

Nessa entrevista, portanto, é importante que você controle o uso da palavra, ou seja, tome parte da conversa só quando tiver algo interessante ou construtivo a dizer.

## Entrevista para o primeiro emprego

Nesse tipo de entrevista, o candidato tem pouca ou nenhuma experiência e tampouco está acostumado às entrevistas. O entrevistador também não pode perguntar sobre seus conhecimentos técnicos, daí interessar mais a ele saber sobre a personalidade do candidato, questionando sobre suas qualidades e defeitos. É por isso que os conselhos a seguir são bastante úteis.

### Prepare-se

Para vencer o medo da entrevista, você deve:

**1. Ressaltar suas qualidades e potenciais**

Mesmo que você tenha pouca ou nenhuma experiência, tente descobrir em seu currículo escolar elementos que possam interessar ao interlocutor (ter sido presidente do centro acadêmico, membro desta ou daquela associação, ter atuado como voluntário, ter sido campeão etc.). Deixe claro que você quer uma oportunidade para mostrar o seu valor.

**2. Enumerar seus pontos fortes**

Mostre que você tem conhecimento sobre o ramo de atividade da empresa e a função para a qual se candidatou. Revele que domina idiomas, que é uma pessoa flexível e entusiasmada, que tem vontade de aprender e crescer com a empresa. Destaque vantagens inerentes à juventude: dinamismo, curiosidade, capacidade de trabalho, saúde física. Fale de seus *hobbies*.

**3. Ser objetivo**

Antes da entrevista, levante informações sobre o cargo e a empresa. Se, por exemplo, você estiver se candidatando a uma vaga de assistente na área de produtos de uma empresa de cosméticos, informe-se sobre esse mercado, o tamanho da empresa, tendências, visualize os produtos etc.

**4. Adequar-se ao tipo de entrevista**

Para o primeiro emprego, o formato mais comum é a entrevista semidirecionada, em que o interlocutor pede ao candidato que se apresente, passando a fazer perguntas durante o relato.

É claro que, nesse caso, você não deve simplesmente repetir tudo o que está no currículo. Tente ressaltar elementos que correspondam às necessidades do interlocutor. Por exemplo: se você se candidatou a uma vaga de vendedor no *shopping* de São Paulo, não adianta falar sobre sua experiência como bolsista do serviço social da prefeitura de Florianópolis.

Tente conduzir a conversa para o cargo e a empresa em vista, assim, você pode descobrir mais depressa em que pontos vale a pena se deter.

**LEMBRE-SE**

- De olhar nos olhos do interlocutor (mas sem encará-lo).
- De tomar notas durante a entrevista, já que, com essa atitude, ele sente que você o valoriza.
- De pedir para visitar a fábrica, a empresa ou o escritório, pois assim você dá provas de que está interessado no emprego.

**5. Procurar se destacar**

Humildade e modéstia são atitudes desejáveis para a entrevista de primeiro emprego, mas nem por isso você deve deixar de ressaltar seus pontos fortes. Você precisa, aliás, se diferenciar dos demais candidatos e por uma única razão: simplesmente para ser lembrado. Por isso, tente mostrar seus trunfos, mas sem exagero. Para um cargo de vendas, por exemplo, insista um pouco mais, já que, nesse caso, a autoconfiança é uma qualidade necessária ao bom desempenho da função.

**6. Perguntar sobre o salário**

Caso o entrevistador pergunte "qual é sua pretensão salarial?", você pode responder o seguinte:

- "Em geral, os candidatos com minha formação ganham um salário entre x e y por mês" (não dê um valor, proponha uma faixa de salário, para facilitar a negociação). O que o senhor acha?".
- "Claro que o salário é importante, mas num primeiro emprego eu me interesso mais pelo cargo e pela possibilidade de, a partir dele, desenvolver uma carreira. Gostaria de saber mais sobre o cargo para responder melhor a essa questão. Quais serão minhas futuras responsabilidades?".
- "Bem, depende. Qual é a faixa salarial desse cargo?". "Qual é sua previsão de salário?".

**7. Preparar-se para os testes**

Diante do grande número de jovens recém-formados que procuram seu primeiro emprego, é comum as empresas aplicarem testes variados para facilitar a "triagem". São testes de personalidade, inteligência, grafológicos etc., dos quais não dá para escapar se você realmente estiver interessado no emprego em questão.

**8. Mostrar as qualidades mais valorizadas**

Dinamismo, adaptabilidade, senso de responsabilidade, senso de iniciativa, autonomia, capacidade de trabalhar em equipe, valorização do serviço e do cliente, atitude positiva, ambição: todas essas qualidades são essenciais não só no primeiro emprego, mas durante toda a vida profissional. Por isso, procure desenvolvê-las ou, caso você já as possua, trate de expô-las.

# QUESTÕES PARA INICIANTES

Grande parte das empresas prioriza a contratação de jovens de talento, realizando periodicamente abertura de vagas e efetivação de estagiários, assim como a realização de concursos de *trainees*. O processo de seleção para preenchimento dessas vagas são cada vez mais rigorosos.

De todos os processos de recrutamento e seleção, esse é o mais difícil, pois os candidatos não têm uma experiência prévia que ajude os entrevistadores a chegar a uma conclusão.

É por isso que os resultados escolar e universitário são levados em consideração como forma de identificar o potencial do candidato, seu dinamismo, adaptabilidade, vontade de aprender e de se integrar a novos ambientes de trabalho.

Durante esse tipo de entrevista, o objetivo do candidato é mostrar que tem todas as qualidades e conhecimentos exigidos para um recém-formado, mas possui também alguns pontos a mais: conhecimentos de língua estrangeira, vivência em outros países, estágios, atuação como voluntário, atividades extracurriculares etc.

Para evitar surpresas, sempre é bom se preparar para as perguntas que poderão ser feitas pelo entrevistador. A seguir, você encontra possíveis respostas que podem ajudar você a se destacar.

• **Como você conseguiu este estágio ou trabalho de férias?**
Uma vez que os empregadores preferem contratar profissionais que já trabalharam em empresas, porque, em geral, são mais organizadas e maduras, você precisa compensar essa desvantagem oferecendo qualidades como criatividade, talento e ousadia. Jamais diga, mesmo se for verdade, "fiz todos os meus estágios na firma de meu pai" ou "encontrei um emprego porque meu tio me indicou". O entrevistador precisa ter a impressão de que você foi atrás do estágio e não que ele "caiu" em suas mãos.

• **Das atividades que você desenvolveu, qual menos lhe interessou?**
Evite insistir muito sobre o lado negativo de uma atividade qualquer, porque isso desvaloriza sua experiência, que, aliás, já é bem curta. Saiba, porém, para evitar cair em armadilhas, que todos os empregos de alguma maneira apresentam uma rotina.

Se você insistir muito nesse ponto, o interlocutor pode desistir de contratar você. Por isso, responda algo como "claro, toda atividade tem seu lado bom e ruim, mas em todas elas aprendi coisas novas: trabalhar em equipe, respeitar a hierarquia etc.". Lembre-se de sempre mostrar o lado positivo da experiência, explicando o que você aprendeu com ela.

• **Quais são seus planos para o futuro?**
Evite respostas banais como "quero ser gerente administrativo", "quero ser chefe de seção" etc. Esse tipo de resposta não revela dinamismo nem ambição. Prefira dizer: "se eu estou aqui, é porque tenho paixão por este ramo de atividade. Daqui a cinco anos, espero ser um profissional competente, que tenha ajudado a empresa a crescer e crescido junto com ela. Nessa altura, acho que terei uma idéia mais clara da direção a seguir".

• **Tentamos contratar outras pessoas da sua faculdade, mas não deu certo. Por que com você seria diferente?**
Essa pergunta é uma verdadeira armadilha. O melhor é responder com outra pergunta: "posso saber que problemas o senhor encontrou?". Só depois de ter tido informações suficientes você terá condições de dar uma resposta mais dirigida.

• **O que você aprendeu na faculdade que pode ser útil nesta função?**
Se o interlocutor até então não tiver dito nada sobre a vaga, esse é o momento de perguntar: "antes de responder, talvez o senhor possa me dar mais alguma informação sobre a vaga". Mas se a vaga já tiver sido mencionada durante a conversa, encontre conhecimentos diretamente relacionados com o cargo para responder adequadamente, algo como, por exemplo, trabalho em equipe, liderança, contabilidade, marketing etc.

• **Você gosta da rotina? Gosta de cumprir horários?**
De novo, trata-se de uma armadilha. Todos os recrutadores sabem que os jovens detestam a rotina e costumam ser impacientes. Responda, então, que você está preparado para uma fase de treinamento e experiência antes de assumir atividades mais interessantes.

• **Pode me dar um exemplo de seu espírito de iniciativa?**
Encontre um exemplo em sua breve carreira ou em sua vida escolar, em que você tenha mostrado iniciativa e dinamismo. Se não encontrar nenhum, diga que justamente você estava esperando por esse tipo de oportunidade.

**• Você tem dificuldade para cumprir ordens?**
Se você costuma se revoltar quando recebe instruções ou críticas, você não vai ficar muito tempo no emprego. Hoje as empresas procuram pessoas flexíveis e adaptáveis. Insista sobre essas duas qualidades. Se elas não forem parte de sua personalidade, trate de mudar seu ponto de vista.

**• Você já teve dificuldade para se entender com outras pessoas?**
Trata-se de uma pergunta cuja resposta pode ser "sim" ou "não". Responda "não" e espere a próxima questão.

**• Na sua opinião, qual é o objetivo de uma empresa?**
É uma pergunta genérica. Não responda com um longo discurso. O interlocutor quer entender sua visão de uma empresa e da evolução dos negócios.

**• O que você sabe sobre nossa empresa?**
Este é o momento em que você pode falar sobre todas as informações que levantou sobre a empresa.

Capítulo 4

# A HORA DE NEGOCIAR O SALÁRIO

# PARA FICAR NA MEMÓRIA

## Conclusão eficiente

Quando a entrevista estiver terminando e o entrevistador perguntar se você tem mais algum comentário a fazer, esse é o momento de mostrar que você entendeu perfeitamente todas as exigências do cargo. Para isso, dê uma prova da sua capacidade de compreensão, fazendo um resumo de tudo o que foi dito, em duas ou três frases. E não esqueça de concluir a conversa demonstrando interesse pela vaga.

## O que dizer

"Se eu entendi bem, vou trabalhar como chefe de produto da marca X, que precisa passar por uma reestruturação, como a criação de um novo *spot* publicitário, de uma nova embalagem etc. Também vou assumir a responsabilidade pelo lançamento de um produto. Esse projeto, aliás, me interessa muito, porque acho que tenho as qualidades necessárias para produzir bons resultados".

Na seqüência, pergunte ao entrevistador o que ele achou de sua candidatura. Se ele concordar em responder, você vai saber se conseguiu transmitir sua mensagem e quais são, na opinião dele, seus pontos fortes e fracos. Peça um balanço ou avaliação final de sua candidatura, tendo em vista o cargo em questão.

Se o interlocutor citar fatos concretos – se disser, por exemplo, "sua experiência no setor de marketing é curta" ou "seus conhecimentos de alemão são precários" etc. –, ele é do tipo de entrevistador que não se acanha em criticar abertamente o candidato. Nesse caso, não demonstre decepção ou revolta com o que ele disser, mas tente responder com naturalidade, algo como: "bom, para completar, eu gostaria de explicar um pouco mais os seguintes pontos".

Se o entrevistador responder à sua pergunta mencionando um aspecto da sua personalidade, pode ter certeza de que ele não vai fazer uma crítica aberta: seria uma atitude grosseira e inútil.

Se você perceber uma lacuna concreta nas críticas do interlocutor, tente esclarecer as dúvidas dele, dizendo: "pelo que entendi, o cargo exige um pouco mais de experiência da que possuo até agora. Mesmo assim, acredito que tenho qualificações e predisposição para, na prática, acabar me saindo bem nas tarefas inerentes a esse cargo. O que o senhor acha?".

Você também pode dizer: "posso acrescentar mais alguma coisa ou esclarecer alguma dúvida, para que o senhor tenha uma impressão mais positiva?". Antes de sair, não esqueça de perguntar sobre a próxima etapa do processo de recrutamento e seleção: quem vai telefonar para você e quando.

Se for o caso, tome a iniciativa e pergunte se pode ligar nos próximos dias, porque assim você assume o comando da situação. Lembre-se de que enquanto você não sair da sala, a entrevista ainda não terá terminado; mas assim que sair, jamais volte para acrescentar algo. Será tarde demais.

Agradeça a atenção e continue sorrindo, com um olhar franco e direto. Ao sair, cumprimente também a recepcionista ou telefonista – às vezes, os chefes pedem a opinião de outros funcionários sobre os candidatos.

PERGUNTE

- Quando o senhor acha que vai tomar uma decisão?
- Daqui a duas semanas talvez seja difícil me encontrar em casa, posso contatar o senhor?

## PARA UMA AÇÃO MAIS ESTRATÉGICA

**Depois da entrevista, mande uma carta de agradecimento para:**

- Reforçar sua imagem profissional.
- Você se diferenciar dos demais candidatos.
- Insistir mais uma vez sobre seus pontos fortes.
- Confirmar seu interesse pela vaga.

## EXEMPLO

**Carta de agradecimento**

Prezado senhor,

Dando seqüência à nossa entrevista realizada no dia tal, para preenchimento da vaga tal, faço questão de agradecer pelas informações que o senhor me deu. Aproveito a oportunidade para afirmar que tive uma ótima impressão sobre sua empresa e o cargo oferecido, colocando-me à disposição para novos contatos. Gostaria ainda de afirmar que eu poderia oferecer a seguinte contribuição à sua empresa: (citar o quê, tentando adequar sua contribuição às necessidades da empresa e do cargo).

De acordo com o que foi combinado, telefonarei para o senhor no dia tal, para saber da possibilidade de um novo encontro.

Atenciosamente,

João Medeiros

# A NEGOCIAÇÃO SALARIAL

Se você passou por todas as etapas do processo de seleção, chegará o momento em que o entrevistador deve revelar a faixa salarial do cargo em questão, o que acontece geralmente no final da segunda entrevista.

A partir daí, dentro de dois dias, você deve receber um telefonema informando que a empresa tem interesse em contratá-lo por um salário inicial de tantos salários mínimos e gostaria que você começasse a trabalhar em 15 dias.

É claro que essa é uma boa notícia, embora o salário não seja exatamente o valor que você esperava. Mesmo assim você aceita e diz que vai se apresentar no prazo solicitado.

Saiba, no entanto, que aceitar imediatamente a proposta de salário nem sempre é a melhor estratégia. Na verdade, você deveria aproveitar esse momento, em que seu poder de negociação é mais alto, para convencer seu interlocutor de que você é uma pessoa capaz de resolver os problemas do cargo e está disposto a contribuir significativamente para a empresa.

Uma vez que o empregador investiu tempo e dinheiro no processo de seleção, neste momento ele está mais aberto à negociação. Para responder à proposta salarial apresentada, você tem as seguintes alternativas:

- Concordar, agradecer e aceitar imediatamente, para em seguida aguardar a assinatura do contrato.
- Concordar em parte com a proposta, já que seu objetivo é negociar o valor apresentado – nesse caso, você deve abordar a questão por telefone ou solicitar uma nova entrevista, caso ache que a conversa possa se alongar. Responda ao convite feito dizendo algo como: "agradeço o telefonema, é uma ótima notícia, mas existem alguns pontos que eu gostaria de discutir".
- Pedir algumas horas para responder, caso se sinta incapaz de negociar por telefone. Nesse caso, diga que agradece a oferta, que é uma ótima notícia, mas precisa pensar melhor. Pergunte se pode voltar a ligar na manhã seguinte.

Lembre-se de que este é o momento de definir suas ambições, afinal não é só o salário que conta. Outros fatores, igualmente importantes, podem entrar na negociação (*ver "Pergunte-se" abaixo*). Ao definir seus objetivos, você pode, de repente, chegar à conclusão de que uma atividade autônoma e criativa é mais vantajosa para você do que um ótimo salário e alguns benefícios. Por isso, trate de definir bem os limites da negociação.

*"Cruzar os braços é o mesmo que sofrer uma derrota."*

**Charles De Gaulle**

**PERGUNTE-SE**

**• O que me atraiu mais neste emprego?**
Se você estiver desempregado há algum tempo, é bem provável que precise urgentemente de um emprego e de um salário. Nesse caso, não tente negociar. Por outro lado, pode ser também que você tenha achado o salário modesto, mas está interessado num emprego que lhe permita viajar. Pese bem, portanto, todos os pontos.

**• Quais são minhas necessidades e motivações, materiais e psicológicas?**
É importante identificar se você sente mais necessidade de conviver com a família ou se gostaria, por exemplo, de comprar um carro novo; se sente ambição pelo poder ou quer simplesmente exercer uma atividade mais criativa. Analisando suas expectativas, você pode descobrir os pontos-chave da negociação.

**• Qual é meu objetivo?**
Para responder adequadamente a essa questão, faça um levantamento no mercado das informações a respeito das regras da profissão

(*continua*)

PERGUNTE-SE

e do cargo oferecido (faixa salarial, benefícios, plano de carreira etc.). Se a empresa tiver como praxe colocar um de seus veículos à disposição do profissional que ocupa o cargo em questão, você pode solicitar um carro.
Mas faça também uma lista dos privilégios que você está disposto a abandonar, se eles não forem condizentes com o nível do cargo ou as regras do setor. Tenha em mente, sem comunicar a ninguém, apenas para você, o mínimo que você aceitaria como proposta: isso facilita as negociações.

**• Qual é a importância deste emprego para minha carreira, a longo prazo?**
É preciso tomar cuidado com empregos muito bem pagos que, a médio prazo, acabam levando você de volta para as agências de recrutamento. Nunca perca de vista seu plano de carreira.

**• Que exigências são menos importantes?**
Em sua lista de objetivos, destaque os pontos que você acha impossíveis de negociar. Aconteça o que acontecer, certifique-se de que, durante a negociação, você estará falando a mesma linguagem do seu interlocutor: "se eu entendi bem, não vou trabalhar com o veículo da empresa, mas vou receber uma ajuda de custo de tanto por quilômetro".
Ou seja, use argumentos concretos, seja flexível e claro, peça mais detalhes sobre os pontos que não foram suficientemente explicados. Faça concessões em assuntos menos importantes – lembre-se da sua lista de pontos inegociáveis –, para conseguir as vantagens que lhe interessam.

## PARA UMA AÇÃO MAIS ESTRATÉGICA

**Durante a negociação, lembre-se de falar sobre:**

- Salário.
- Benefícios.
- Participação nos lucros (se for o caso).
- Previdência privada.
- Plano de carreira.
- Indenização, em caso de desligamento.
- Responsabilidades do cargo.

- Seguro de vida.
- Férias.
- Cursos de treinamento e reciclagem.
- Uso de veículo da empresa.
- Reembolso de despesas.
- Cláusula eventual de não-concorrência.

## VALORES COMPATÍVEIS

O salário só deve ser abordado no final da entrevista – ou numa segunda conversa, se houver. Para entrar nesse assunto, você precisa ter o máximo de informações sobre a vaga para conseguir fazer uma avaliação exata do salário. Basta pensar que, se suas responsabilidades aumentarem, mais argumentos você terá para justificar a solicitação de um salário maior.

Pode acontecer, porém, que já no início da entrevista o interlocutor pergunte qual é seu salário atual. Não é fácil fugir dessa pergunta, mas você pode responder mencionando abonos ou comissões. Diga, por exemplo: "recebo salário-base de tanto por mês, mais abono de tantos por cento e comissão de mais tantos por cento". Dessa maneira, você dá uma vaga informação e não deixa de responder à pergunta do entrevistador.

Você também pode dizer que sua intenção não é aceitar um emprego apenas por causa do salário, mas para ter a oportunidade de colocar seus conhecimentos em prática e se sentir motivado.

É imprescindível, portanto, perguntar todos os detalhes do cargo para só depois tratar do salário. Mas se o interlocutor insistir em querer saber qual sua expectativa, responda o seguinte: "recentemente, recebi uma proposta de emprego com salário inicial de tanto por mês, mas acho que as responsabilidades deste cargo são um pouco maiores. Um salário tantos por cento maior que o da outra proposta me parece razoável".

Se o interlocutor não quiser (ou não puder) negociar a proposta de salário, tente conseguir outras vantagens. Pode ser que não se trate de má vontade: talvez ele tenha que respeitar uma estrutura salarial que é norma da empresa.

Você pode então propor um aumento a ser efetivado depois de certo período de experiência, argumentando que, dessa forma, é você quem está assumindo todos os riscos.

## Cada caso é um caso

Para negociar um salário inferior, antes você deve considerar:

### 1. Se você está desempregado

Neste caso, não diga ao interlocutor que você ganhava mais no emprego anterior, porque assim corre o risco de perder a vaga. O recrutador pode achar que você só está aceitando o emprego por razões financeiras, daí ele ponderar sobre o risco de você pedir demissão tão logo encontre emprego melhor.

### 2. Se você está empregado

Já nesta situação, você não tem por que aceitar um salário menor, a não ser que a empresa e o cargo sejam excepcionais e funcionem como um verdadeiro "trampolim" para sua carreira – ou, ainda, se você estiver mudando radicalmente de função ou de profissão.

**PERGUNTE-SE**

**• Qual minha expectativa mínima de salário para este cargo?**
Se você realmente estiver interessado no emprego, talvez reaja impulsivamente à pergunta do interlocutor sobre suas expectativas salariais e assim acabe mencionando um valor mínimo. É preciso tomar cuidado com esse tipo de reação, porque depois que se revela um patamar mais baixo, é quase impossível voltar atrás.
Por isso é recomendável sempre indicar primeiro a expectativa mais alta, para em seguida indagar que avaliação a empresa faz para o cargo em questão e que avaliação o entrevistador faz da sua experiência.

**• Quanto eu gostaria de ganhar daqui a cinco anos?**
Você provavelmente sabe a resposta, mas ao ouvir essa pergunta do entrevistador, tome cuidado porque se trata de mais uma armadilha. Responda simplesmente que ficaria feliz se seu poder de compra aumentasse cerca de 10% ao ano.

**DICA**

Antes da negociação salarial, informe-se sobre o cargo e o ramo de atividade da empresa. Boas fontes são os sindicatos, a imprensa, sua rede de contatos. Já durante a negociação, é preciso esclarecer se o salário em questão é líquido ou bruto. Isso é muito importante para evitar surpresas desagradáveis, uma vez que pode haver uma diferença percentual significativa entre os dois valores.

## A ÚLTIMA CARTADA

Às vezes, você pode ser vítima de um processo de recrutamento pouco eficaz. Você era o melhor candidato, mas mesmo assim não foi escolhido. Prepare-se, portanto, para esse tipo de situação, porque ela é factível: para enfrentar a situação, uma das soluções é tentar mudar a decisão do interlocutor. Nem tudo está perdido.

Ao se deparar com esse tipo de situação, é importante agradecer ao interlocutor por seu tempo e consideração. Você pode ainda perguntar por que foi preterido, dizendo: "para que eu possa me orientar melhor na busca de um emprego, o senhor poderia me dizer por que não fui escolhido?". Diga a ele que gostaria de ouvir uma resposta sincera. Ouça-o com atenção e, não importando o que ele diga, tome nota.

Em seguida, mostre que você entendeu o que ele disse, acrescentando: "obrigado pela explicação, agora entendo o motivo. Não sou um profissional da entrevista e acho que meu nervosismo acabou me prejudicando, mas eu realmente gostaria de trabalhar nesta empresa. Talvez eu pudesse fazer um teste sem compromisso, para provar que sou a pessoa certa. O que o senhor acha? Poderíamos marcar um dia e horário?".

É claro que essa não é uma tentativa infalível, afinal, muitos interlocutores poderão lhe negar o pedido, o que significa que você realmente não foi feito para o cargo. Mas não custa dar essa última cartada.

**DICA**

Mesmo tendo sido preterido, procure ficar em contato com o entrevistador. Quando você encontrar, por exemplo, um artigo interessante e pertinente na imprensa, mande-o pelo correio com um bilhete, dizendo algo como: "ainda estou em busca de emprego. Quero muito trabalhar em seu setor. Vou tomar a liberdade de ligar nos próximos dias para saber se existe possibilidade de uma nova vaga".

*"A felicidade é transformar um* hobby *numa profissão."*

**Balzac**

# Estudo de casos

## Ana: a jovem recém-formada

**Ana** optou finalmente por um emprego de assistente do chefe de Produtos, no departamento de Marketing de uma grande empresa. Ela não negociou seu salário – e com razão: vai passar por um treinamento e aprender a profissão, já que manterá contato com vários departamentos (Vendas, Produção, Jurídico etc.). A carreira dela está caminhando.

## Carlos: o jovem advogado

**Carlos** entendeu finalmente que seu principal objetivo é levar uma vida mais equilibrada, o que seria impossível no papel de sócio. Ele deve, portanto, repensar seus objetivos de longo prazo e preparar-se para mudar de situação nos próximos dois ou três anos.

## Paulo: diretor-geral

**Paulo** poderia ter mergulhado na "crise dos 40 anos", mas soube criar a tempo novos objetivos pessoais e profissionais. Aprendeu novas técnicas e agora pode pensar com calma num novo cargo em outra empresa.

## Sofia: a dona de casa

Depois de fracassar em várias entrevistas, **Sofia** acabou encontrando um empregador que valorizou sua maturidade psicológica e decidiu apostar em sua capacidade de assimilar rapidamente novas técnicas e tecnologias. Ela está decidida a dar tudo de si nesse novo emprego, recompensando assim o empregador pela confiança que depositou nela, mas sem perder de vista seu objetivo final: tornar-se consultora autônoma.

### João: Diretor Financeiro

Depois de superar o rancor e fazer um balanço de sua vida, **João** descobriu que gosta de Finanças e Contabilidade – e se sente bem trabalhando numa área técnica. Se ele ainda tinha dúvidas sobre sua profissão, foi por causa do estresse relacionado à situação precária que viveu na empresa anterior. Agora, ele está aplicando seus conhecimentos técnicos numa empresa de porte médio. É bem verdade que seu salário é menor, mas, em compensação, o estresse também é bem inferiore e sua motivação vem crescendo .

Você pode argumentar que não existe um final feliz para os casos de Ana, Carlos, Paulo, Sofia e João. Mas isso tem uma explicação: nenhuma das cinco situações está completamente "fechada". Em algum lugar, sempre existe o emprego certo para o candidato certo.

Quando você encontrar esse emprego, é importante não falhar na entrevista por causa de um detalhe como, por exemplo, as meias coloridas demais, o terno inadequado ou a bolsa errada. Em outras palavras, siga os conselhos deste livro para se sair bem na entrevista e conquistar o emprego de seus sonhos.

# Capítulo 5

# 150 Perguntas e respostas

# ACERTANDO O ALVO

## RESPOSTAS EFICAZES

Durante uma entrevista de emprego você fornece muitas informações, mas, em contrapartida, recebe muito poucos dados. O desequilíbrio acontece também em relação à avaliação que cada um dos participantes faz do outro – você dos interlocutores e os interlocutores de você –, mas isso é natural numa entrevista de seleção, na qual o candidato se expõe sempre mais do que o empregador.

Importante, porém, é ter em mente que, além das respostas (o conteúdo) que você der às questões dos entrevistadores, a maneira (a forma) como você responder também será avaliada. Para esses profissionais da entrevista, a reação e o jeito de cada candidato são um prato cheio de significados.

É claro que não existem respostas prontas para as questões de uma entrevista, até porque cada situação é uma situação diferente, na medida em que mudam os entrevistadores, os candidatos, as personalidades, os objetivos, as exigências, o contexto etc. O que se pode fazer é observar algumas respostas possíveis para determinadas situações e adaptá-las na hora, já que certos princípios são válidos em muitas situações e ajudam a transmitir uma impressão positiva.

Para se sair bem numa entrevista é importante procurar estabelecer um bom relacionamento com o interlocutor, começando por ouvi-lo com atenção. Lembre-se sempre: primeiro, tente entender o que ele diz, só depois procure ser compreendido.

Mostre para o entrevistador que você está ouvindo e entendendo o que ele fala. Fique de frente para ele e mantenha contato visual. Reforce sua atenção com alguns sinais de aprovação verbal ou gestual (assentir com a cabeça, por exemplo). Dessa forma, você não corre o risco de entender mal a pergunta e dar uma resposta fora de propósito, como costuma acontecer com muitos candidatos.

Observe a diferença que existe entre as duas perguntas a seguir. Se o entrevistador disser "fale um pouco sobre seu último emprego", ele não está exigindo uma resposta pontual, diferentemente de quando ele pergunta "quais eram suas principais responsabilidades no último emprego?". Para responder à primeira pergunta, você deve ressaltar os aspectos do último emprego que lhe parecem mais importantes, estabelecendo sempre uma relação com o cargo postulado. Na segunda resposta, você realmente precisa ser mais preciso e ir direto ao ponto.

## Perguntas inusitadas

Cada tipo de entrevistador, de acordo com sua experiência, grau hierárquico, tempo disponível etc., tem seu jeito próprio de conduzir a entrevista. Alguns podem, por exemplo, fazer perguntas surpreendentes desde o início, indagando algo como "qual é seu conceito de felicidade?" ou "qual a distância de uma margem a outra do rio Amazonas?".

Ao responder qualquer pergunta do entrevistador, tente antes descobrir a melhor maneira de satisfazer as necessidades e exigências do cargo em questão. Mas se você se deparar com a pergunta "qual é seu conceito de felicidade?", uma boa resposta é dizer: "posso responder dando uma idéia do que significa para mim a satisfação profissional: quero trabalhar num emprego com tais e tais características (relacione-os com a vaga em questão), numa empresa com tal estrutura (relacione-a com a empresa empregadora)".

Já para responder à pergunta sobre "qual a distância de uma margem a outra do rio Amazonas?", evite pedir detalhes, indagando se ele quer saber durante a cheia e em que ponto exatamente. A menos que você tenha certeza do que vai dizer, prefira uma resposta neutra, para em seguida conduzir a conversa para suas qualificações, que é o que realmente interessa: "não sei ao certo, mas em compensação posso falar sobre minha experiência como chefe de Produtos, quando lancei um novo produto de grande sucesso".

Se alguém perguntar "qual foi a matéria mais importante para você na faculdade?", não responda instintivamente que foi, por exemplo, educação física. Lembre-se de sempre dar respostas que levem em conta as necessidades do interlocutor e da vaga pleiteada.

Perguntas vagas ou genéricas são as mais difíceis de responder. Nesse caso, escolha sempre entre responder imediatamente ou pedir mais detalhes sobre a pergunta. Imagine que o entrevistador lhe pediu para falar mais sobre seu passado. Você pode muito bem perguntar: "o senhor quer que eu comece por minha formação acadêmica ou posso falar diretamente sobre minha experiência profissional?".

## Perguntas sobre situações hipotéticas

Pode acontecer de o interlocutor descrever uma situação profissional hipotética e pedir para você dizer como reagiria. O segredo aqui é pensar antes de responder e pedir mais detalhes caso não tenha entendido bem. A melhor maneira de responder qualquer pergunta envolvendo uma situação prática é lembrar que, no caso em questão, você faz parte da equipe de uma empresa, portanto, deve mostrar que tem idéias, iniciativa e sabe tomar decisões, mas também trabalhar em conjunto.

Se o interlocutor não concordar com a solução que você der para a situação hipotética, mantenha sua posição e tente argumentar melhor. A não ser que você perceba que deu uma resposta inadequada, quando então é preciso propor outra solução, para não parecer inflexível.

## Perguntas estressantes

Embora muitos entrevistadores discordem da entrevista estressante, porque o candidato assume uma posição defensiva e não apresenta um bom desempenho, existem empresas que recorrem a esse tipo de entrevista porque acreditam que dá idéia de como o profissional poderá reagir numa situação-limite.

Opiniões à parte, é preciso saber que a característica principal desse tipo de entrevista é a série de perguntas feitas uma seguida da outra, lançadas de maneira a dificultar a reflexão do candidato. Diante dessa entrevista, para se sair bem, antes de tudo é preciso manter o sangue-frio, olhar nos olhos do interlocutor e evitar gestos que indiquem nervosismo. Na hora de responder, mesmo que o tempo pareça curto, é preciso pensar bem e pedir esclarecimentos, principalmente quando uma das questões não ficou suficientemente clara.

Outra modalidade da entrevista estressante é aquela em que o entrevistador permanece em silêncio quase todo o tempo, apenas prestando atenção à reação do candidato (*ver p. 68*). Ele pode ainda fazer perguntas desconcertantes, que vão exigir de você um bom preparo para não ser pego de surpresa. As perguntas e repostas a seguir dão uma idéia de como se sair bem nessas situações.

## Perguntas sobre infância, escolaridade e formação

**1. Você teve uma infância feliz?**
Mesmo que não seja verdade, responda sempre que "sim", você teve uma infância feliz, e por uma única razão: recrutadores não gostam de pessoas-problema. Nesse caso, uma resposta sincera pode ser mal interpretada, principalmente se o entrevistador interpretá-la sob a ótica da psicologia, podendo assim tirar conclusões ruins sobre sua personalidade.

Por outro lado, os minutos preciosos que você usaria para explicar sua infância podem ser mais bem empregados para você "vender" seus conhecimentos técnicos, sua personalidade e experiência.

**2. Que parentes mais influenciaram você? Por quê?**
Você pode responder dizendo: "aprendi coisas importantes com cada um de meus parentes. Aliás, eu me dou muito bem com todos eles. Meu avô, por exemplo, me ensinou a nadar e andar de bicicleta".

Tome cuidado com o entrevistador que entende de psicologia, porque ele que pode "descobrir" em você, por exemplo, uma influência exagerada de sua mãe ou mesmo algum problema mais sério – o que justificaria sua eliminação do processo seletivo.

**3. Como e por que você escolheu essa carreira?**
Existem muitas respostas possíveis, já que os currículos são bastante diferentes. Importante é mostrar o máximo de coerência ao explicar suas opções.

**4. Você se arrepende da sua escolha?**
É óbvio que a resposta deve ser negativa. Recrutadores sempre desconfiam de pessoas amarguradas ou mal-resolvidas, que tomaram decisões erradas na vida. Portanto, diga que você aproveitou muito bem seus estudos e se prepare para a próxima pergunta, que pode solicitar que você enumere três ou quatro pontos-chave de sua formação.

**5. Você participou de atividades extracurriculares? Quais?**
Essa pergunta é menos inofensiva do que parece. Muitos recrutadores

acham que é possível julgar o potencial de um indivíduo analisando o que ele fez, que responsabilidades assumiu em sua juventude para se diferenciar dos outros (em sentido positivo, é claro).

Pode ser que você nunca tenha tomado parte de atividades extracurriculares, mas tente se lembrar de algo, porque aqui é essencial responder afirmativamente, mesmo que você só tenha sido, por exemplo, capitão do time de futebol ou de vôlei.

**6. Você trabalhou enquanto estudava?**
Aqui valem os mesmos conselhos da pergunta anterior.

**7. Que jornais você costuma ler? Qual o último livro que leu?**
Responda com sinceridade e apresente argumentos. Não tente fingir que lê jornais regularmente caso mal tenha folheado um nos últimos meses. Se você não costuma ler, encontre outro passatempo fascinante para mencionar – pesquisas na internet, por exemplo –, caso contrário você pode ser visto como uma pessoa vazia, inculta e desmotivada.

**8. De tudo o que você aprendeu na escola ou faculdade, o que foi mais importante?**
Mais uma vez, para responder, leve em conta as necessidades do interlocutor e as exigências da vaga que você está disputando.

**9. Como você financiou seus estudos?**
O objetivo da pergunta é avaliar a autonomia e maturidade do candidato. Mesmo que seus pais tenham financiado seus estudos, tente mostrar que você fez estágios, deu aulas particulares ou trabalhou nas férias para conseguir dinheiro extra. Caso você nunca tenha trabalhado durante os estudos, reze para que o entrevistador não faça esta pergunta.

## Perguntas sobre a empresa

**1. Por que você se candidatou a este cargo?**
É neste momento que as informações que você levantou sobre a empresa vão fazer a diferença, já que os entrevistadores buscam profissionais que conheçam a organização e não estejam participando da seleção por acaso.

Para se sobressair, você pode responder algo como: "me inscrevi porque acredito que posso contribuir positivamente com a empresa. Em primeiro lugar, porque é uma multinacional e eu falo inglês e alemão fluentemente. Vivi dois anos na Alemanha e seis meses nos Estados Unidos, tenho facilidade para me relacionar com pessoas de outras culturas. Além disso, a empresa é considerada uma das líderes no setor de marketing. Foi esta a especialização que escolhi na faculdade e com a qual trabalhei em meus dois primeiros empregos".

**2. O que chamou sua atenção no anúncio desta vaga?**
Lembre-se de que quem redigiu o anúncio provavelmente foi o entrevistador, portanto, nunca diga algo como "não me lembro bem do texto do anúncio" ou "não sei, o anúncio era um pouco vago".

Se você seguir os conselhos do Capítulo 1 (*ver p. 11*), com toda certeza terá algumas respostas prontas. Para este tipo de pergunta, você deve destacar três ou quatro pontos-chave do anúncio: demonstre desde o início que tem o perfil adequado para a vaga em questão.

*"Ser uma pessoa fora do comum é mais importante do que ter um diploma da Escola Politécnica."*

**Charles de Gaulle**

**DICA**

Quando o anúncio exige fluência em inglês, você pode ganhar alguns pontos se contar, desde que seja verdade, que viveu alguns anos nos Estados Unidos, por isso fala inglês fluentemente.

**3. O que você sabe sobre nossa empresa?**
Não faça uma longa e cansativa exposição sobre a empresa, até porque o seu interlocutor trabalha na organização em questão e a conhece bem. Limite-se a mostrar que você levantou informações e se preparou para a entrevista. Se for o caso, diga: "li o relatório anual da empresa, consultei o site na internet, solicitei o catálogo de produtos pelo correio ou, ainda, consultei a última edição da revista *Exame – Maiores & Melhores*, que todo ano traz as empresas de maior destaque".

Dê uma resposta sincera, pois suas afirmações podem levar a perguntas mais específicas, como: "qual é sua opinião sobre nossa situação financeira? O que acha de nossos produtos?". Portanto, cuidado. Fuja de respostas concretas se não estiver realmente bem-informado, diga que você está ali justamente para saber mais.

**4. O que você espera do seu próximo emprego?**
Insista sobre seus conhecimentos técnicos, suas qualidades e motivações, mas sempre mirando o cargo que você está disputando.

**5. Por que você quer trabalhar em nossa empresa?**
Nunca diga "porque é a maior empresa do ramo, porque tem boa reputação, ou porque o prédio é muito bonito". Tente articular sua resposta em torno de motivações objetivas e claras: as características do cargo, os funcionários da empresa que você conhece, as perspectivas de mercado, a qualidade dos produtos, a direção da empresa etc.

**6. Quanto tempo você pretende ficar neste emprego?**
Esta pergunta não é muito hábil, pois revela a intenção do interlocutor de sondar seus projetos, procurando saber se você considera o cargo uma experiência de curto prazo ou se pretende usar a reputação da empresa para logo pedir demissão.

Procure responder sem determinar um prazo. Argumente que a atual mudança de emprego é muito importante e você gostaria de aproveitá-la ao máximo. Jamais diga "daqui a três anos vou procurar outro emprego" ou "espero trabalhar dez anos nesta empresa".

**7. Depois de trabalhar numa empresa de grande porte, por que procurar por uma empresa menor?**
Diga que você aprendeu muito na empresa anterior. Uma das dificuldades que enfrentou, porém, era a lentidão na tomada de decisões, algo corriqueiro nas grandes empresas. É por isso que você gostaria de trabalhar numa empresa menor.

Outro argumento possível: dizer que evoluir rapidamente é bem mais difícil numa multinacional do que numa empresa de porte médio, onde é comum os profissionais assumirem mais responsabilidades em razão da própria experiência.

**8. Depois de trabalhar numa empresa de porte médio, por que procurar por uma multinacional?**
Explique que trabalhar numa empresa menor tem várias vantagens: mais autonomia, responsabilidades e rapidez na tomada de decisões. No atual estágio da sua carreira, no entanto, você gostaria de dirigir equipes maiores e administrar um orçamento mais alto, algo que não é possível numa empresa menor.

**9. Você se interessa pelos benefícios que oferecemos?**
Diga que ainda não conhece os benefícios da empresa, mas gostaria de ter uma idéia. Com esta pergunta, o interlocutor procura sondar os motivos que levaram você a se candidatar ao emprego.

**10. Que contribuição você pode dar à empresa?**
Se esta pergunta for feita no começo da entrevista, diga que é difícil responder, pois você ainda não sabe quase nada sobre a vaga em questão.

A partir do momento que você tiver informações suficientes, insista sobre sua capacidade e qualificação e proponha uma estratégia concreta: "no começo vou tratar de observar e aprender, para, aos poucos, em sintonia com a direção e a chefia, apresentar sugestões".

Outra opção de resposta é escolher duas ou três atitudes que você tomou em empregos anteriores e aplicá-las no contexto da empresa.

PERGUNTE

**• Quais serão minhas responsabilidades no cargo?**
Esse é o momento em que você poderá pesar todas implicações do cargo – responsabilidades, qualificação exigida e oferecida –, para saber se está interessado nele. A resposta que o interlocutor der permitirá que você adapte seu discurso às expectativas da empresa.

**• Que mudanças ou adaptações a empresa espera?**
Ao responder esta pergunta, o entrevistador vai explicar rapidamente o que o antecessor fazia no cargo. Aproveite as informações da melhor maneira possível.

**• Quais são as dificuldades do cargo?**
Eis aqui outra oportunidade para você obter mais informações sobre a empresa, o ambiente de trabalho e o cargo.

**• Por que o profissional anterior deixou o cargo em questão?**
A resposta pode variar: demissão voluntária, demissão por parte da empresa ou promoção. Caso tenha sido a última alternativa, é sinal de que existem na empresa oportunidades de ascensão. Quanto aos dois outros motivos, eles merecem uma investigação, para que você evite errar durante a entrevista.

**• Que qualidades garantem o sucesso neste cargo?**
Mais uma vez, a pergunta permite a você entender melhor as expectativas do interlocutor, o que, conseqüentemente, faz com que você possa adequar sua imagem à do candidato-modelo.

(*continua*)

PERGUNTE

**• Qual a posição deste cargo no organograma da empresa? O que esperam de mim?**
Alguns empregadores não conseguem ter uma idéia exata a respeito de suas próprias expectativas em relação ao candidato. Esta pergunta, portanto, vai ajudá-los a esclarecer suas idéias e definir as características do cargo. Com as informações à mão, você pode se diferenciar dos outros candidatos.

**• O que a empresa espera de mim?**
Observe a resposta do interlocutor para identificar a cultura da empresa e o perfil do cargo. "Procuramos alguém que nos ajude a incrementar as vendas em 20%" é bem diferente de "precisamos de alguém que tenha energia e entusiasmo".

**• Por que esta vaga está em aberto?**
Saber por que a vaga foi anunciada é sempre uma informação útil, sobretudo para entender os mecanismos internos da empresa. Caso tenham ocorrido conflitos de personalidade, você pode deduzir que é difícil lidar com a administração ou ainda que o chefe tem uma personalidade forte.

**• Desde quando o cargo está vago? Por quê?**
A pergunta tem sua razão de ser. É preciso aprender a desconfiar dos cargos que estão vagos há muito tempo. Se for o caso, ao fazer esta pergunta você coloca o interlocutor sob pressão, já que ele precisa encontrar alguém com urgência para o cargo em aberto. Se você não tiver outro compromisso e se o cargo lhe interessar, aproveite para "vender" sua disponibilidade.

**• Com que pessoas vou trabalhar neste cargo? Posso conhecê-las?**
Nunca aceite um emprego só com base na boa impressão que você tiver das pessoas encarregadas do recrutamento. Peça para conhecer a equipe com a qual você vai trabalhar diretamente. Essa atitude também ajuda o futuro empregador a imaginar você como um membro da empresa.

**• Como vocês avaliam o desempenho dos funcionários? Com que freqüência? Vocês oferecem prêmios? Houve demissões recentemente? Quais foram os departamentos mais afetados? Quais são os planos de expansão da empresa? Que tipo de treinamento vocês oferecem para este cargo?**
A maioria das empresas deixa você escolher entre um treinamento formal e um treinamento de campo. A reação do futuro chefe a toda essas perguntas vai revelar até que ponto ele é uma pessoa acessível.

*(continua)*

PERGUNTE

É preciso descobrir se a empresa pratica uma política de portas abertas ou se você sempre vai ter de se dirigir a outras pessoas quando tiver um problema.

- **Qual é a cultura da empresa?**
Mais uma vez, eis uma pergunta que pode fornecer informações muito úteis sobre a organização e os colegas com quem você vai trabalhar.

- **Há quanto tempo o senhor trabalha nesta empresa?**
O interlocutor vai gostar de saber que você se interessa por ele. Além disso, enquanto ele fala, você tem tempo para organizar suas idéias.

- **Na sua opinião, quais são os pontos positivos da empresa?**
As observações da pergunta anterior também são válidas aqui. O objetivo de todas essas perguntas é entender as necessidades do interlocutor: trata-se de um trunfo valioso para que você possa preparar melhor suas respostas.

## Perguntas sobre sua experiência

### 1. Qual é seu estilo de administração?

Se você é candidato a um cargo executivo, terá necessariamente de responder a esse tipo de pergunta. Explique que você tem muita facilidade de adaptação e consegue se articular com todos e em qualquer situação. Para você, alguns subordinados têm de ser tratados com firmeza, outros podem ter mais autonomia e outros precisam de estímulo e consideração.

### 2. O *turnover* (rotatividade de funcionários) era comum em seu departamento?

Em geral, essa pergunta introduz uma série de outras sobre o assunto. Atualmente, o *turnover* é encarado como uma das pragas do gerenciamento. Por isso, prepare-se.

### 3. O que era mais freqüente no *turnover*: demissões voluntárias ou demissões feitas pela empresa?

Caso o *turnover* tenha sido freqüente em sua equipe, prepare-se para dar respostas convincentes. Porque virão outras questões, como "a seleção de candidatos não foi eficaz?", "sua administração era deficiente?". Dê explicações que não o comprometam.

**4. Qual a causa mais comum das demissões?**
Cuidado, esta é uma pergunta muito delicada. Se você, por exemplo, responder que é muito difícil encontrar funcionários competentes, o que justificaria o *turnover*, o interlocutor pode deduzir que você não sabe recrutar equipes, e, portanto, terá dificuldade para administrar o novo departamento.

**5. Quantas pessoas estavam sob seu comando? Quais eram suas qualificações?**
Neste caso, o interlocutor está pedindo fatos. Responda concretamente.

**6. Qual o perfil das pessoas com quem gosta de trabalhar?**
Partindo do princípio de que todos gostam de trabalhar com pessoas que compartilham dos mesmos princípios e idéias, tente dar uma resposta adequada aos valores da empresa. Mencione valores positivos como honestidade, pontualidade, "garra" e motivação.

**7. Qual o perfil das pessoas com quem tem dificuldades para trabalhar?**
Atenção: esta pergunta é uma armadilha, pois provavelmente o interlocutor está pensando em pessoas que serão seus colegas na empresa. Portanto, evite riscos e responda que você só não gosta de pessoas que não sentem o mesmo entusiasmo pelo trabalho bem-feito.

**8. O que você pensa de seu chefe atual?**
O objetivo aqui é avaliar como você encara a autoridade e a hierarquia, por isso, tome cuidado. Seja claro e breve: "tenho muito respeito por meu chefe atual, com ele aprendi muito (cite fatos concretos)". Caso você tenha tido conflitos com o chefe, explique claramente as circunstâncias em que isso aconteceu, sem fazer juízo de valor e evitando opiniões pessoais. Jamais o acuse de incompetente.

**9. Você gostaria de assumir o cargo de seu chefe? Você é uma pessoa ambiciosa e confiável?**
Trata-se de uma "faca de dois gumes". Se você responder "não", pode parecer uma pessoa sem ambição. Se responder "sim", pode ser considerado um "mau-caráter". Portanto, muito cuidado. Você pode dizer, por exemplo, que tem ambições e gosta de assumir novas responsabilidades, de tomar iniciativas, mas que nunca pensou concretamente sobre o assunto.

**10. Qual a maior dificuldade de seu emprego atual?**
Esta é uma pergunta delicada. Diga que você não tem grandes dificuldades, mas dê exemplos de dificuldades que estão além de seu controle e pelas quais você não pode ser responsabilizado: “o mercado de automóveis está em queda e isso torna nossa política de marketing mais estratégica e difícil”. Aproveite a oportunidade para mostrar que você sabe tomar iniciativas.

**11. Por que você gostaria de mudar de emprego?**
O interlocutor quer saber se você está sendo expulso do emprego anterior, ou se foi você que decidiu mudar. Sua resposta tem de ser curta e objetiva: diga que gostaria de evoluir na carreira, para assumir mais responsabilidades, o que não é possível no emprego anterior.

**12. Por que você não está satisfeito com seu emprego atual?**
Duas regras: nunca critique o chefe (ou ex-chefe) e jamais faça papel de vítima. Por outro lado, não tente apresentar uma imagem falsa de sua situação – justamente num momento em que você está prestes a mudar de emprego.

**13. O que você aprendeu na empresa X & Y?**
Esta pergunta lhe dá uma brecha para satisfazer as expectativas do interlocutor. Tente ressaltar os conhecimentos e experiências que possam ser úteis no novo emprego.

**14. Qual foi sua contribuição para a empresa?**
Vale a resposta da questão anterior. Mas cuidado para não exagerar, atribuindo a si mesmo todo o mérito de uma experiência bem-sucedida. Fale do sucesso em nome da equipe.

**15. Qual a maior dificuldade da sua carreira?**
O interlocutor quer julgar seu conceito de dificuldade. Em outras palavras, ele quer saber como você lida com os problemas. Você sabe tomar decisões? Consegue trabalhar sob pressão? Cite um exemplo de situação difícil que não tenha sido causada por você. Explique como você administrou a crise, comente suas opções e justifique suas escolhas, ressaltando seu aspecto positivo. Você também pode mencionar a decisão de demitir membros de sua equipe, que é sempre difícil.

**16. Revendo sua carreira, em algum momento você agiria diferente?**
Todo mundo pode cometer erros. Escolha de preferência os erros de sua juventude, ocorridos há muito tempo e que podem ser atribuídos à falta de experiência.

**17. Que qualidades são necessárias para este cargo?**
O interlocutor quer saber se você compartilha a mesma opinião sobre qualidades e conhecimentos técnicos exigidos pela empresa. Se você conhecer bem sua profissão, a pergunta não vai lhe criar dificuldades, principalmente se você estiver preparado para a entrevista.

**18. Você dispõe dessas qualidades?**
A resposta é: "sim, sem dúvida". Mas isso não basta. Prove com exemplo de experiências bem-sucedidas, suas qualidades e *know-how*.

**19. Quantas horas por semana você trabalha?**
Outra pergunta difícil. Alguns recrutadores acham que trabalhar muito mostra atitude positiva, outros vão deduzir que você é mal-organizado e ineficiente. Responda que seu horário é flexível: você trabalha para atingir objetivos e cumprir responsabilidades, jamais para marcar presença.

**20. Fale sobre um dia típico de trabalho.**
O interlocutor quer testar sua gestão do tempo, senso de organização, assiduidade e eficiência. Portanto, prepare-se para esta pergunta.

**21. O que você fez hoje?**
Cuidado com a resposta. Seu dia pode ter sido banal e monótono.

**22. Qual sua carga de trabalho? Como você administra seu tempo?**
O objetivo das duas perguntas é avaliar a maneira como você organiza o volume de trabalho durante o expediente. Evite se queixar de uma eventual carga de trabalho excessiva.

**23. Com que outros departamentos da empresa e chefias você mantém contato? Isso lhe causa dificuldades?**
Estas perguntas servem para avaliar até que ponto a comunicação com outros departamentos é importante para você. Se você tiver tido dificuldades, cite exemplos pelos quais você não possa ser responsabilizado.

**24. Como você organiza seu dia de trabalho?**

De novo, o objetivo aqui é descobrir se você é disciplinado e organizado, mas também flexível e adaptável aos acontecimentos externos. Em geral, o interlocutor fica bem-impressionado com candidatos que saibam organizar seus dias de trabalho e estabeleçam uma lista de prioridades para cada dia. Ele vai preferir aquele que analisa o resultado de suas atividades diárias para planejar o dia seguinte.

**25. Fale sobre seu método de trabalho**

Esta é uma pergunta importante. Para dar uma resposta adequada, você precisa antes ter idéia dos métodos empregados pela empresa. Uma resposta possível é: "tenho objetivos de curto, médio e longo prazo".

Os de curto prazo implicam organização diária das prioridades e confirmação de seu cumprimento. Os de médio prazo são metas concretas traçadas para o prazo de um mês, de um trimestre e de um semestre. Já os de longo prazo implicam metas para um, três e cinco anos.

Se você tiver funcionários sob seu comando, fale sobre seus métodos de trabalho em equipe: delegação de responsabilidades, definição de objetivos, controle etc.

**26. O que lhe dá mais motivação?**

Aqui o recrutador quer analisar quais são os fatores que mais despertam sua motivação. Tente adaptar suas motivações às necessidades do novo emprego e passe uma imagem positiva de seu trabalho atual, mas sem exageros. Não esqueça que você quer mudar de emprego!

**27. O que mais o desmotiva?**

Cuidado com esta pergunta: dê uma resposta vaga, pois o excesso de detalhes pode chamar a atenção para seus eventuais pontos fracos. Mencione inconvenientes gerais da empresa ou questões de conjuntura envolvendo o mercado, a cidade, o país etc. Você pode dizer, por exemplo: "numa empresa grande, a tomada de decisões pode levar muito tempo e causa frustração" ou "numa empresa pequena, muitas vezes não existem os recursos necessários para uma evolução rápida". Responda com uma expressão tranqüila.

**29. Quais as decisões mais difíceis de tomar?**

Eis uma armadilha para que você revele seus pontos fracos. Fale sobre a demissão de um membro de sua equipe, que é um tipo de decisão que ninguém gosta de tomar, mas deixe claro que, seja qual for a situação, você sempre toma decisões e assume suas responsabilidades. Acrescente que você sabe ser firme, embora também leve em conta os valores humanos.

Caso você não exerça uma função de comando, diga que é difícil tomar uma decisão sem informações suficientes, apenas com base numa impressão subjetiva.

**30. O que de mais importante você realizou hoje?**
Mencione realizações que tenham relação estreita com o cargo em questão. Não deixe de explicar que sua empresa lucrou com elas. Diga, por exemplo: "lancei um novo produto que foi um complemento perfeito para nossa linha de alimentos frescos vendidos em supermercado. Dentro de dois anos, esse produto representará 25% do volume de negócios e 15% dos lucros da empresa".

**31. Você está satisfeito com a sua carreira?**
O interlocutor quer, com esta pergunta, testar sua autoconfiança, ambição e a imagem que você faz de si mesmo.

**32. Você se sente insatisfeito? Decepcionado?**
Na medida do possível, seja positivo. Mas se você teve um começo de carreira difícil ou se achar que sua carreira está atualmente em "ponto morto", seja franco. Diga: "minha carreira foi difícil no início, porque eu ainda não havia encontrado meu caminho. Depois disso, eu me especializei em contabilidade e estou contente com minha situação atual, embora procure evoluir a médio prazo".

**33. Onde você quer estar daqui a cinco anos?**
A intenção é descobrir se você tem controle sobre sua carreira e se faz idéia sobre seu futuro, a médio prazo. Dê uma resposta vaga e nunca mencione um cargo específico. Hoje em dia, a progressão de uma carreira pode mudar muito depressa, tanto no bom quanto no mau sentido.

Se você mostrar muita determinação, pode parecer uma pessoa pouco realista ou ambiciosa demais. Diga que seu desejo é evoluir como profissional, adquirindo conhecimentos técnicos que possam reforçar seus pontos positivos. E conclua dizendo: "naturalmente, eu gostaria muito de conhecer seu ponto de vista sobre as reais possibilidades para se evoluir nesta empresa".

**34. Você sempre atinge seus objetivos?**
Mesmo que você tenha tendência a responder afirmativamente, diga que, no mundo dos negócios, o sucesso depende de muitos fatores, inclusive conjunturais, e por isso é difícil sempre atingir os objetivos.

**35. De quanto tempo você vai precisar para dar uma contribuição concreta à empresa?**
Aqui existem duas saídas:

- Se o interlocutor já falou sobre a empresa e a vaga, aqui você tem a chance de "vender" seus pontos fortes e as vantagens da sua candidatura para o futuro empregador. Mas não dê datas precisas. Diga que você tem certeza de que vai oferecer uma contribuição muito rapidamente, mas ao mesmo tempo quer ouvir os colegas e entender a situação da empresa antes de tomar decisões definitivas.
- Se o interlocutor ainda não disse nada sobre a empresa e a vaga, responda, por exemplo: "quero aproveitar a pergunta para saber mais detalhes sobre o cargo. Só assim posso dar uma resposta objetiva". Convenhamos: não dá para falar sobre a contribuição a ser prestada sem nenhuma informação sobre o cargo. Não parece uma maneira lógica de conduzir a entrevista.

**36. Pela manhã, em que você primeiro pensa?**
Única resposta possível: "tenho vontade de agir e levar meus projetos adiante, tanto os da vida profissional quanto os pessoais".

**37. Qual foi o relatório mais complexo que você já escreveu?**
Mais uma questão perigosa, pois fornece uma pista sobre o que você considera mais complexo. Explique por que motivos o relatório em questão lhe pareceu complexo e o que você aprendeu com a situação.

**38. Você já foi obrigado a tomar uma decisão antipática?**
Esta é uma pergunta importante, pois ajuda o interlocutor a identificar melhor seu nível de responsabilidade e maneira de agir. Quanto maior for sua responsabilidade, maior é a probabilidade de que você tenha realmente tomado uma decisão antipática.

Explique por que decidiu agir dessa maneira e o que você fez para diminuir o impacto negativo. Mostre também que você leva em conta os valores humanos, mas também sabe tomar decisões drásticas quando são necessárias.

**39. Você costuma lidar com problemas complexos? Quais?**
Com esta questão, o interlocutor quer identificar que tipo de situações você considera complexa e problemática. Pense nos aspectos mais complicados de sua função e dê dois exemplos de como você enfrenta essa complexidade.

**40. Você tem objetivos pessoais? Fale sobre suas metas mais importantes. O que faz para concretizá-las?**
A resposta pode dar ao interlocutor informações sobre suas prioridades e força de vontade. Escolha objetivos que realmente tenham a ver com o cargo pleiteado.

**41. Como se caracteriza para você um ambiente produtivo? Dê exemplo de como você conseguiu motivar sua equipe mesmo numa situação difícil.**
Estas perguntas do entrevistador servem para verificar se você está acostumado a liderar ou a obedecer. Mostre que você conseguiu assumir responsabilidades e tomar decisões visando o sucesso da equipe.

## PERGUNTAS SOBRE SEU COMPORTAMENTO

**1. Você prefere trabalhar sozinho ou em equipe?**
Seria bastante prejudicial dar uma resposta sem conhecer suficientemente o emprego em questão. Daí a importância de fazer várias perguntas durante a entrevista. Nesse caso, você pode dizer: "eu me adapto a todas as circunstâncias. Às vezes, gosto de ficar sozinho para refletir, mas em geral me sinto bem na companhia dos outros. Aliás, em meu atual emprego (complete dando um exemplo)".

**2. Qual é seu conceito de "cooperação"?**
A pergunta é propositadamente aberta, para testar seu senso de trabalho em equipe.

**3. Como você reagiu quando conheceu sua equipe de trabalho?**
É importante refletir sobre esse tipo de pergunta: será que a novidade foi um incômodo? Você precisou de tempo para se adaptar a ela? Em caso positivo, dê explicações e argumentos para não assustar o interlocutor.

**4. O que faz quando não concorda com seu superior hierárquico?**
Em outras palavras, o que ele quer saber é como você reage diante de uma tensão ou um conflito. Você pode dizer: "quando o chefe pede minha opinião numa conversa ou reunião, eu costumo responder com franqueza, mesmo quando não estou de acordo com ele. Se ele não pedir minha opinião, tento falar com ele mais tarde para explicar meu ponto de vista".

Dessa forma, você mostra que é capaz de ter opinião própria, mas também agir com tato e diplomacia.

**5. Como você reagiria diante da crítica de seu superior, por um erro de um membro da sua equipe?**
Em geral, você apóia os membros da sua equipe, mas, nesse caso, tentaria evitar que a situação se repetisse. Se, no entanto, o mesmo erro voltasse a acontecer, você então conversaria com o responsável e, em último caso, iria demiti-lo.

**6. O que você mais detesta nos outros?**
Seja cauteloso e cite defeitos com os quais o interlocutor seja obrigado a concordar, como incompetência, desonestidade, mentira etc. Lembre-se de que o entrevistador aqui tem dois objetivos em mente:

- Deduzir características da sua personalidade pelo efeito do contraste: se você não gosta de demora, provavelmente é uma pessoa despachada; se você não gosta de intolerância, provavelmente é uma pessoa tolerante etc.
- Considerar o que você disser pensando na sua futura equipe, que tem uma personalidade específica. Com isso, ele está simplesmente testando suas chances de adaptação.

**7. Você consegue trabalhar sob pressão?**
Peça mais detalhes sobre o grau de pressão, com exemplos concretos. Mais uma vez, respeite a regra segundo a qual você só deve responder às perguntas que entendeu perfeitamente. Se você gosta de trabalhar sob pressão, responda: "sim, acho que é um fator estimulante. Mas, sempre que possível, tento planejar meu trabalho, evitando o estresse de fazer tudo na última hora".

**8. Quais são seus pontos fracos?**
Uma pergunta de praxe, destinada a avaliar o grau de risco que você representa. Acima de tudo, não responda que não tem pontos fracos. Seria uma atitude arrogante, e você seria eliminado imediatamente. Tampouco ad-

mita defeitos pessoais, como mau humor ou dificuldade para acordar de manhã. Caso contrário, o interlocutor vai achar que você costuma faltar no emprego e não consegue ser produtivo antes do meio-dia. Diante desta pergunta, você tem duas opões:

- Fale sobre uma lacuna profissional. A falta de experiência num setor que não tenha relação com o cargo pretendido, por exemplo. Você pode dizer "não tenho muita habilidade para falar em público. Sei que isso acontece por falta de prática".
- Fale sobre uma fraqueza pessoal ou profissional que também possa ser considerada uma qualidade. Diga: "minha equipe às vezes me critica por causa de meu padrão de exigência. É verdade que às vezes sou muito detalhista e impaciente. Mas acho que fiz progressos nesse sentido. De modo geral, consigo motivar bastante os membros da minha equipe".

**9. Dê um exemplo de situação em que seu trabalho foi criticado. Como você reagiu às críticas? Você é capaz de admitir e explicar seus erros?**
Para responder, escolha uma situação sem conseqüências graves para a empresa, principalmente no plano financeiro. Por exemplo: fale de uma idéia que não deu certo, explicando que você voltou atrás depois de refletir e conversar com seus chefes. Mostre que você sabe tirar partido das críticas.

**10. Que argumentos usaria para pedir aumento de salário?**
Evite dizer "porque eu mereço". O que você tem de mostrar é o "valor agregado" de seu trabalho, isto é, sua contribuição pessoal para a empresa, o que, no fundo, revela que você leva a sério os interesses da empresa. Em geral, esta pergunta leva a outra: "você conversou com seu chefe sobre sua intenção de deixar o emprego?".

**11. O que seu chefe vai dizer quando você anunciar sua decisão?**
Esta pergunta serve para testar sua decisão de mudar de emprego. Se você estiver esperando uma oferta de emprego para negociar melhorias no emprego atual, não revele sua intenção, pois tudo iria por água abaixo.

**12. Que aspecto da sua personalidade você tentou melhorar nos últimos seis meses?**
É uma pergunta importante. Mostre que você está sempre tentando progredir e que não é uma pessoa rígida, inflexível e sem ambição.

**13. Cite um projeto seu que tenha sido rejeitado? Como você reagiu?**
O interlocutor está tentando descobrir sentimentos de frustração ou amargura. Mesmo que, na sua opinião, seu talento e qualidades não foram reconhecidos como deveriam, cuidado para não mostrar ressentimento a respeito de projetos que foram recusados.

**14. Descreva uma situação na qual seu desempenho não correspondeu às suas ambições?**
É uma pergunta delicada. Seja franco, mas escolha uma situação sem relação com o cargo que você está postulando. Não se esqueça de dizer ao interlocutor as lições que você tirou da experiência em questão.

**15. Descreva um projeto que exigiu muita dedicação de sua parte.**
O objetivo desta pergunta é avaliar seu grau de motivação e sua força de vontade. O mundo dos negócios é uma verdadeira corrida de fundo. As empresas preferem funcionários menos talentosos que nunca desanimam, em vez de grandes talentos que logo perdem o fôlego.

O entrevistador também quer saber de onde vem sua energia e que motivos fazem você progredir. A pergunta costuma ser acompanhada por outra: "como você faz para manter seu entusiasmo?".

Tente provar sua força de vontade com exemplos, mostrando que você também é uma pessoa imparcial. Cuidado, não confunda força de vontade com teimosia. Esteja preparado para responder a outras questões: "qual é seu grau de flexibilidade?" e "você é uma pessoa rígida ou adaptável?" – lembrando que, na verdade, o que o interlocutor quer saber é se você consegue mudar seus hábitos sem problemas.

**16. Cite uma situação em que você foi obrigado a mudar sua agenda de última hora.**
Mais uma vez, o entrevistador está testando sua flexibilidade e capacidade de organização.

*"Alguns defeitos são como os faróis dos automóveis: só os defeitos dos outros nos incomodam."*

**Maurice Druon**

**17. Você se considera uma pessoa mais de ação ou de reflexão?**
Esta é uma pergunta difícil. A direção que você der à resposta dependerá

de vários fatores: de você, isto é, da sua personalidade; das qualidades necessárias ao cargo: ação, reflexão ou os dois; e das características do próximo cargo que quer ocupar: executivo, funcional, vendas, analista etc.

Mesmo que você tenha uma preferência clara, por exemplo, por trabalhar no setor de vendas, diga que você é uma pessoa de ação (pois é isso o que o interlocutor quer ouvir), mas use argumentos, cite exemplos de atitudes bem-sucedidas e mostre que você também sabe refletir.

É claro, ressalte que você nunca mergulha de cabeça numa situação sem avaliar os prós e os contras. Termine dizendo que o hábito de refletir bem antes nunca atrapalha ou retarda suas ações.

**DICA**

Fique sempre atento, porque as perguntas que o recrutador pode fazer durante a entrevista são inúmeras. Prepare-se ainda para responder questões como:

- Você gosta de correr riscos?
- O que seus subordinados acham de você?
- Na sua opinião, que fatores tornam uma reunião produtiva?
- Você gosta de ter responsabilidades?
- Sabe assumir responsabilidades? Dê exemplos.

## PERGUNTAS DIVERSAS

**1. Quais são seus *hobbies*?**

O recrutador não está tentando ser indiscreto. Ele só quer conhecer você melhor, entender sua personalidade. É claro que você não deve responder que passa todo o seu tempo livre diante da televisão. Mais uma vez, tente ressaltar qualidades que você usa em seus *hobbies*, mas que também são úteis na vida profissional. Um exemplo: fazer caminhadas, que exige força de vontade, disciplina e resistência.

Caso você não tenha nenhum passatempo, diga que você se dedica inteiramente ao trabalho e seu tempo livre é dedicado à família. Seja qual for a resposta, o essencial é mostrar que você leva uma vida equilibrada.

**2. Você está quite com o serviço militar? O que você fez durante o serviço militar? O que isso representou para você? Você tem muitos amigos? Pratica esporte? Tem algum interesse especial?**

Embora as questões sobre o serviço militar sejam direcionadas aos homens, elas complementam as outras perguntas (estas direcionadas a candidatos de ambos os sexos), porque a intenção do entrevistador é descobrir mais elementos da sua personalidade. Este é o momento, portanto, de você mais uma vez valorizar suas qualidades pessoais e profissionais. Por outro lado, essas perguntas também ajudam a descontrair a entrevista.

Você deve tranqüilizar o entrevistador, dizendo que você leva uma vida equilibrada, que é capaz de ter autocrítica e aproveitar as boas coisas da vida. De passagem, tente sondar os interesses do interlocutor. Caso vocês dois tenham o mesmo *hobby*, isso pode representar uma vantagem.

## Perguntas delicadas

**1. Se eu pedir referências a seus ex-chefes, o que eles vão dizer?**
Com certeza, o entrevistador não está blefando. Ele vai, sim, pedir referências, portanto, com esta questão ele testa sua sinceridade, além de lhe dar a chance de esclarecer eventuais problemas que tenham ocorrido. Tente ressaltar os lados positivos de sua colaboração com o antigo chefe, mas não esconda experiências ruins. Justifique-as, tranqüilamente.

**2. Perguntas difíceis (e até antiéticas) envolvendo religião, raça, estado de saúde, opção sexual, opiniões políticas etc.**
Ninguém pode lhe fazer perguntas sobre sua vida privada. Evite um confronto direto perguntando qual a relação entre a pergunta e a vaga que está sendo oferecida. Tenha em mente que a resposta que você der pode afastá-lo definitivamente da empresa.

**3. Por que você saiu do emprego anterior?**
Você não ganhará nada se fazendo de vítima ou colocando toda a culpa no seu ex-chefe. Simplesmente, diga que você não estava conseguindo se entender com as pessoas, mas que, analisando a questão agora, talvez você tivesse agido de outra forma. Assim, você mostra sua disposição para aprender com os erros. A resposta mais simples aponta para a falta de perspectivas de evolução na carreira.

**4. Por que você ocupou o mesmo cargo na mesma empresa durante tanto tempo?**
Os conceitos mudaram. Antigamente, os profissionais eram valorizados por seus conhecimentos específicos e pelo tempo que permaneciam num

mesmo cargo. Sinal de lealdade e constância. Hoje, em plena era da globalização, esses valores indicam inércia, comodismo, falta de adaptação, porque cada vez mais é preciso ser flexível, multifuncional, ágil, apto a mudanças etc. Os fatores que interferem no trabalho são cada vez mais complexos e as carreiras evoluem rapidamente.

Caso você tenha ocupado o mesmo cargo na mesma empresa por cerca de cinco anos, tente justificar esse fato. Se você tivesse evoluído regularmente dentro da empresa durante esse período, seria diferente. Responda, então, que uma promoção nunca foi necessária, porque você evoluiu no mesmo ritmo da empresa, que cresceu muito ao longo dos anos: surgiram novos produtos, novos mercados, novas filiais, novas políticas etc. Com tudo isso, sua função também foi afetada.

Mas caso não tenha ocorrido nenhum tipo de mudança, tente defender valores como fidelidade e estabilidade. Diga que gosta de investir todas as suas energias em projetos de longo prazo, que é uma pessoal leal e confiável, não tem interesse uma promoção a qualquer preço. Em outras palavras, você é incapaz de "puxar o tapete" de seus colegas.

**5. Por que você ficou desempregado por tanto tempo?**

Por trás desta pergunta, na verdade, está uma outra que o interlocutor não pode formular diretamente: "o que há de errado com você, por que devo assumir o risco de contratá-lo?".

Você pode então responder: "o senhor sabe, o mercado de trabalho não passa por uma boa fase. As ofertas de emprego que recebi não atendiam às minhas expectativas. Já este cargo me interessa muito e é por isso que estou aqui".

**6. Você se candidatou a outros cargos? Fez outras entrevistas?**

Sim, é claro. Mencione os cargos para os quais você se candidatou, mas evite dizer os nomes das empresas. É uma questão de ética. Caso você não esteja de olho em outras vagas, pode inventar alguma, já que uma resposta negativa pode deixar o entrevistador inquieto. Termine dizendo que os outros empregos lhe interessam menos e explique por quê.

**7. Por que mudou de emprego quatro vezes em cinco anos?**

Em outras palavras, o entrevistador que saber se você é uma pessoa instável. Não caia nessa armadilha. Responda demonstrando que sua carreira tem coerência e destaque os aumentos de salário que teve a cada mudança.

Mostre também que a renovação constante lhe proporcionou uma visão variada e aumentou seus conhecimentos sobre sua profissão.

**8. O que o deixa irritado? Que situações você não suporta?**
Responda algo como "sempre tento agir com calma e sangue-frio, sem me deixar levar pelos impulsos. Mas, para responder à sua pergunta, confesso que não gosto de pessoas muito teimosas e inflexíveis". Mais uma vez, aproveite para passar a imagem de um profissional dinâmico e de mente aberta – se é que você tem realmente essas qualidades.

**9. E se eu lhe dissesse que seu salário é baixo?**
Trata-se de uma pergunta rara, cuja intenção é testar sua reação. Esteja, portanto, preparado para enfrentá-la. Mas antes observe que ela foi formulada no condicional. A idéia é testar sua capacidade de lidar com as críticas, por mais negativas ou desagradáveis que sejam.

Caso o entrevistador esteja agindo de má fé, responda com a seguinte pergunta: "quanto o senhor acha que eu deveria ganhar hoje em dia?". Se ele disser uma quantia, não se esqueça de usá-la no momento da negociação salarial.

**10. Quantas pessoas você recrutou recentemente? Que qualidades você procura num profissional para sua equipe? Fale sobre a última vez que você demitiu alguém. Quais são as razões de seu sucesso?**
Cuidado, não se trata de dar exemplos de sucesso. O interlocutor quer entender por que você é um profissional bem-sucedido. Diga algo como: "acho que tenho tido sucesso por três motivos (cite três ou quatro razões relacionadas com o cargo que você está pleiteando)".

**11. Você está satisfeito com o rumo da sua carreira?**
Seja positivo a respeito dos resultados, mas deixe claro para o interlocutor que você tem potencial para progredir e muito mais para aprender.

"Acho que progredi bastante em comparação com meus colegas de faculdade. Com a experiência e os conhecimentos que adquiri, acho que poderei contribuir para dinamizar sua empresa".

**12. Por quanto tempo o senhor pretende ficar neste emprego?**
Você pode responder lançando outra pergunta: "tudo o que o senhor me disse sobre o cargo e a empresa me interessa muito. Gosto de progredir e

aprender coisas novas. Enquanto eu estiver aprendendo e progredindo, não vejo razão para mudar de emprego. Na sua opinião, por quanto tempo uma pessoa deve exercer esta função?".

**13. Como você reage diante de um chefe muito impositivo?**
Existem aí duas perguntas ocultas: "você aceita a autoridade do seu chefe?" e "você aceita críticas?". Para se sair bem, responda: "na minha opinião, existem dois tipos de chefia: a chefia participativa, na qual o chefe reserva um tempo para me explicar as coisas; e a chefia diretiva, na qual o chefe nem sempre tem tempo de explicar o motivo de sua decisão. Eu me dou bem nas duas situações. É claro que prefiro a primeira, mas entendo perfeitamente que às vezes existem outras prioridades".

**14. Imagine que você espera por uma consulta médica há três semanas, mas pouco antes de sair, surge uma reunião urgente. O que você faz?**
Esta é uma pergunta típica da entrevista sobre situações hipotéticas: o entrevistador descreve uma situação e observa a reação do candidato.

Nesse caso, uma boa saída é responder colocando-se no lugar do chefe: "se eu fosse chefe de departamento e obrigado a planejar a reunião de urgência, imagine minha reação se um de meus colaboradores dissesse que tem consulta médica!".

É claro que a resposta depende de outros fatores, caso em que o problema de saúde é grave, quando não existe discussão possível. Portanto, você pode ainda dar a seguinte resposta: "depende do grau de urgência da consulta. Se o problema não for urgente, desmarco a consulta e trato de me preparar para a reunião na empresa".

**15. Como você consegue conciliar a busca de emprego, se continua trabalhando em tempo integral?**
Jamais diga que você costuma inventar pretextos, como ir ao médico. Explique apenas que você tinha alguns dias de férias a ver e resolveu aproveitar para procurar um novo emprego. Mostre que você quer mudar, mas sem prejudicar seu atual empregador.

**16. Quais as desvantagens de seu último emprego?**
Não critique a empresa como um todo. Use exemplos isolados: "alguns colegas não tinham o mesmo nível de exigência em matéria de atendimento aos clientes".

**17. Que opinião você formulou da minha atuação como entrevistador?**
Esta é uma pergunta perigosa. Nem sempre é aconselhável dizer a verdade, se você acha que o interlocutor foi incompetente. Diga, por exemplo, que foi uma das entrevistas mais difíceis que já enfrentou, mas que entendeu bem o motivo das perguntas e as qualidades exigidas. Pode dizer que foi uma entrevista normal e conclua com outra pergunta: "o senhor acha que sou a pessoa certa para o cargo?".

**18. Você não tem o perfil certo para este cargo.**
Em geral, esta afirmação serve para testar sua resistência ao estresse, sua força de vontade, agilidade e disposição para a luta. Pode ser que a opinião não seja absolutamente sincera. O entrevistador só está tentando "sacudir" você. É uma boa oportunidade para você reagir com mais maturidade do que a maioria dos candidatos, que talvez não estejam preparados para esse tipo de pergunta. Com calma, é possível perguntar: "o senhor pode me dizer por que está falando isso?". Tente ganhar tempo e descobrir mais detalhes sobre a objeção antes de preparar sua defesa: ouça com cuidado.

**19. Você não me convenceu sobre seu interesse pelo cargo.**
Você pode dizer que esse comentário o surpreende, para em seguida reafirmar o lado positivo do cargo, da empresa e da contribuição que você pode dar. Depois, pergunte: "o senhor está mais convencido agora?".

*"Os jovens gostam mais de inventar do que de julgar, e têm mais facilidade para realizar coisas novas do que para administrar as antigas."*

**Francis Bacon**

## Perguntas pouco comuns

A seguir, você vai encontrar uma lista de perguntas raras numa entrevista, mas que, no entanto, podem ser feitas. As respostas "certas" dependem de você, da sua experiência, personalidade e valores etc. É comum os candidatos tropeçarem justamente nas perguntas difíceis, inesperadas ou estressantes.

**1. Feitas no início da entrevista**
- Seu chefe ficaria surpreso em saber que você está procurando emprego?
- Há quanto tempo você está procurando emprego?
- Você já foi chamado para entrevistas? Recebeu alguma oferta?

- Se você está satisfeito com o emprego atual, por que deseja mudar?
- Qual é o emprego de seus sonhos?

**2. Perguntas sobre sua experiência profissional**
- Quais são hoje os principais desafios em seu ramo de atividade?
- Quais são os desafios que sua empresa tem de enfrentar?
- Até que ponto seus empregos anteriores prepararam você para responsabilidades maiores?
- Em quanto tempo você vai se tornar rentável para a empresa?
- Quais são as qualidades necessárias para ter sucesso em sua função atual? Você tem estas qualidades?
- Quais são as tarefas mais rotineiras de seu emprego atual?

**3. Perguntas para avaliar sua adequação ao cargo**
- O que seu principal concorrente diria sobre você?
- Quais foram as três decisões mais importantes que você tomou nos últimos seis meses?
- Como você define um trabalho bem-feito?
- Qual é, para você, o melhor administrador brasileiro?
- Quais são, para você, as empresas brasileira e estrangeira mais bem administradas?
- Qual é a diferença entre um líder e um administrador?
- O que diferencia você dos outros candidatos?
- Qual é seu estilo de administração?
- Você já sentiu ódio de seus concorrentes?
- Se você tivesse de recomeçar, que carreira seguiria?
- Qual foi a crítica mais construtiva que você já recebeu?

**4. Perguntas para testar sua motivação**
- O que você colocaria em primeiro lugar: ganhar dinheiro, exercer o poder ou ter liberdade?
- O que você faz quando uma situação não progride?
- De que maneira a empresa pode motivar você para o trabalho?
- Em que situações você se orgulha de seu trabalho?
- Com que tipo de chefe você prefere conviver?
- Quais são os novos conhecimentos que você gostaria de adquirir?
- Na sua opinião, quais são os critérios para avaliar o sucesso?

**5. Perguntas para testar sua capacidade de trabalhar em equipe**

- Você já praticou esportes de equipe? Por que não?
- Que tipo de pessoas você detesta?
- Durante um dia de trabalho, você tem necessidade de se isolar por alguns momentos? Por quê?
- Você gosta de conviver com pessoas diferentes de você? Por quê?
- Que tipo de comentário ou atitude deixa você nervoso?
- Você gosta de recorrer ao *brainstorming* (troca livre de idéias durante uma reunião)? De que maneira?
- Você acha que as pessoas mudam?

**6. Perguntas estressantes**

- Que princípios você teve de abandonar para chegar onde está hoje?
- Que traços da sua personalidade você teve que mudar para chegar à sua situação atual?
- O que é mais importante para você: a verdade ou o bem-estar?
- A honestidade é sempre a melhor estratégia?
- Você diria que hoje tem mais paciência com os erros dos outros?
- Em que ocasiões você sentiu tentação de mentir?
- Onde se concentra, para você, o poder dentro de uma empresa?
- Você acha que no último emprego sua atuação foi um fator de mudança?
- Se seu chefe lhe pedisse para fazer algo errado, como você reagiria?
- O que você faria se de repente todas as pessoas da sua equipe adoecessem e faltassem ao trabalho?
- Se você estivesse diante de dois candidatos com os mesmos conhecimentos e qualidades, que decisão tomaria?
- Que revista gostaria de ver sua foto publicada na capa? Qual seria a manchete?
- Que situações lhe causam angústia?
- Que situações lhe dão vontade de rir?
- Você acha que o cliente sempre tem razão?

**7. Perguntas sobre suas idéias e poder de comunicação**

- Que livros tiveram mais influência sobre você?
- Você já teve um "guru"? O que aprendeu com ele?
- Como você terminaria a seguinte frase: "A maioria das pessoas é..."?
- Você aprende mais com seus erros ou com seus acertos?
- Na sua opinião, por que as tampas de esgoto são redondas?

- Por que os alemães usavam capacetes pontudos?
- O ar dentro dos pneus do carro gira na mesma velocidade dos pneus?
- Qual é sua citação favorita?
- O que você faria se um de seus colegas furtasse objetos do escritório?
- Você prefere tomar banho de chuveiro ou banheira?

**8. Perguntas sobre seu salário**

- Quanto você vale?
- Qual seria o critério ideal para calcular seu salário?
- Com que freqüência você gostaria de receber aumentos salariais?
- Você estaria disposto a trabalhar menos?
- Você concorda com esta frase do escritor Alexandre Dumas: "o dinheiro é um bom criado, mas é um mau patrão"?
- Você já trabalhou na base de comissão? O que achou da experiência?
- Com que critérios você gostaria de ser avaliado?
- Que tipo de recompensa você espera por seu desempenho?
- Qual é sua opinião sobre a participação acionária?
- Você costuma conversar sobre dinheiro com as pessoas de sua família?

Capítulo 6

# UMA ENTREVISTA NA PRÁTICA

# ERROS E ACERTOS DE UM EXECUTIVO

João Lamy, de 45 anos, acaba de perder o emprego. A empresa onde trabalhou por 14 anos, seis deles como diretor Financeiro, e da qual era sócio, foi adquirida por uma multinacional, processo que fez com que seu cargo e várias outras posições fossem extintas, para evitar duplicidade de funções dentro da nova estrutura coorporativa.

Durante os últimos anos em que esteve à frente da área financeira da empresa, João dedicou boa parte de sua vida à organização. Trabalhou além do expediente normal, não saiu de férias, não teve aumento salarial. Tudo para tentar contornar as dificuldades financeiras por que passava a empresa.

Ao final, confirmada a venda, João foi colocado em licença. Algum tempo depois, recebeu o comunicado de que estava sendo dispensado. O desfecho da situação deixou João amargurado, principalmente porque sua lealdade e profissionalismo em nada contaram para a decisão da multinacional de dispensá-lo.

Atualmente, João enfrenta dificuldades para conseguir um novo emprego, em parte porque ele se "vende" mal durante as entrevistas.

## 1. A APRESENTAÇÃO

### RECEITA DE FRACASSO

**Entrevistador:**

"Sr. Lamy, o senhor está se candidatando ao cargo de diretor Administrativo-financeiro em uma empresa norte-americana. Nosso escritório foi contratado por essa empresa para fazer o processo de recrutamento e seleção. Eu proponho, então, que o senhor comece por se apresentar, falando de si. Em seguida, pedirei para o senhor falar da sua carreira e, ao final, conversaremos sobre o cargo em questão."

**João Lamy:**
"Eu tenho 45 anos e estou desempregado há um ano. Até o presente momento não entendi por que fui afastado. Eu tinha um rendimento mensal de quase cem salários mínimos e estou procurando uma vaga à altura das minhas competências.

Nessa última empresa em que trabalhei ocupei o cargo de diretor Administrativo-financeiro, onde fui responsável pela equipe contábil e financeira. Antes de trabalhar nessa empresa, por três anos fui o diretor Contábil de uma outra organização, até que, em 1975, entrei como auditor numa das mais importantes empresas internacionais de auditoria.

Essa foi para mim uma experiência fascinante: o trabalho era diversificado, tínhamos a oportunidade de conhecer vários clientes dos mais variados perfis. Na ocasião, decidi sair porque percebi que não teria chance de me tornar sócio do escritório.

Por fim, devo dizer que tenho um diploma de especialização em Contabilidade."

**Comentário**
A apresentação de João começa mal pelos seguintes motivos:
- Ele parte de um aspecto negativo: o desemprego de que é "vítima".
- Não ressalta sua qualificação, nem a relaciona com as necessidades do empregador.
- Não se apóia em seus pontos fortes: apenas menciona, ao final, que tem um diploma de especialização em Contabilidade, mas sem insistir na utilidade de seus conhecimentos para o cargo.
- Mostra-se amargurado e com isso causa certo desconforto no entrevistador.
- Não explica nem justifica por que saiu de seus empregos anteriores.
- Não diz se tem projetos.
- Não especifica suas realizações. Ele diz: "fui responsável pela equipe contábil e financeira", enquanto deveria ter mencionado o número de pessoas sob sua responsabilidade.

## Receita de sucesso

Para se sair bem na entrevista, João Lamy deveria ter se apresentado de maneira bem diferente, mais positiva e afirmativa. A seguir, um exemplo do que ele deveria ter dito.

**João Lamy:**

"Tenho 45 anos e um diploma de especialização em Contablidade, que se soma à minha experiência prática e me capacita a ser um excelente profissional para a diretoria Administrativo-financeira.

Iniciei minha carreira como auditor na Y & Y, oportunidade que me permitiu desenvolver um método de trabalho eficaz para a auditoria de contas, já que participei de duas auditorias de aquisição de empresas envolvendo, respectivamente, tanto e tantos milhões de reais, experiência essa que me capacitou para cargos como o de diretor Financeiro anunciado por esta empresa, onde certamente participarei de alguns processos de aquisição. Graças a essa experiência pude me familiarizar com os sistemas de contabilidades utilizados pelos diferentes tipos de sociedades, o que me ajudará a colocar em prática a migração de sistemas que seu cliente pretende fazer.

Fui convidado por um *headhunter* a entrar para a empresa AB & C, no cargo de diretor Contábil, oportunidade que me interessou muito porque passei a gerenciar 25 pessoas, tornei-me responsável pela reestruturação do complexo sistema de informações da empresa e estive em contato com os mais modernos recursos da informática.

Essa experiência foi para mim decisiva porque em três anos consegui reduzir o número de funcionários de 25 para 19 pessoas, formei pessoas mais competentes e deleguei responsabilidades. Implantei um *reporting* que é utilizado até hoje.

Esse cargo, no entanto, não atendia completamente às minhas expectativas, já que eu queria ocupar a posição de diretor Financeiro. Procurei novas oportunidades e, em 1981, entrei para a empresa WZ Informática como *Controller* para, em dois anos, me tornar diretor Administrativo-financeiro. Conquistei assim um progresso significativo em minha carreira, tanto em termos salariais quanto em responsabilidades assumidas.

A partir de 1991, quando o setor de informática foi castigado pela crise, apesar da situação, consegui implantar um plano drástico que, em três anos, reduziu os custos da empresa em 30%. Coloquei em prática, por exemplo, um sofisticado método de controle de gestão.

Em 1994, porém, a empresa foi adquirida por um outro grupo, que já tinha um diretor Financeiro, logo, para evitar duplicidade de função, meu cargo foi extinto. Enquanto aguardava o desfecho da situação, não fiquei parado: ajudei um amigo a criar uma sociedade e a implementar um eficiente sistema de gestão.

Hoje, o cargo em questão me interessa por alguns motivos. A empresa procura um diretor Administrativo-financeiro capaz de colocar em prática ferramentas contábeis e financeiras que contribuam para gerir seu crescimento. Pois isso é exatamente o que eu fiz na X & Y, que é uma empresa com sede nos Estados Unidos, daí minha convicção de que posso contribuir muito com seu cliente, uma vez que os 15 anos que passei nessa empresa me permitiram familiarizar-me com a cultura organizacional norte-americana, como é o caso da empresa em questão.

Este é um resumo da minha carreira. Existem alguns pontos que o senhor gostaria que eu falasse um pouco mais?

**Comentário**
A diferença entre uma e outra apresentação é nítida. Enquanto na primeira versão o candidato estava amargurado, derrotista, mais ligado ao passado e sem visão de futuro; na segunda ele é objetivo, claro, seguro, equilibrado e não desvia o assunto do cargo pleiteado, adequando sua exposição às necessidades da empresa.

## 2. O ESTILO DE TRABALHO

**Entrevistador:**
"Como o senhor define seu estilo de gerenciamento?"

**João Lamy:**
"Tenho o hábito de delegar tarefas e responsabilidades, pois acredito muito na autonomia das pessoas."

**Entrevistador:**
"Quantas pessoas o senhor dirigiu? Qual a formação desses profissionais?

**João Lamy:**
"Gerenciei com sucesso uma equipe de 19 pessoas, composta de três chefes e 16 subordinados."

**Comentário**
As respostas de João Lamy são muito curtas, sem argumentos. Em nenhum momento ele disse que possui uma notável capacidade de adaptação, por isso consegue se entrosar bem com qualquer tipo de pessoas e situações.

Em sua resposta, João insistiu muito na questão da autonomia que ele dá a seus colaboradores. Saber delegar é importante, mas saber controlar também é fundamental. Ao falar do próprio estilo de gerenciamento, é preciso ser mais equilibrado, dizendo, por exemplo: "alguns colaboradores devem ser conduzidos com firmeza, outros podem dispor de mais autonomia, enquanto outros precisam de mais estímulo e orientação."

## 3. O PERFIL DA EQUIPE

**Entrevistador:**
"Com que tipo de pessoa o senhor gosta de trabalhar?"

**João Lamy:**
"Gosto de trabalhar com pessoas decididas, honestas, motivadas e entusiasmadas."

**Comentário**
João tem razão em insistir nas qualidades que o recrutador vai exigir dele para o cargo em questão. Uma vez que qualquer pessoa prefere trabalhar com quem compartilha dos mesmos valores e idéias, é importante mencionar esses aspectos positivos e ressaltá-los, já que serão importantes para a função pleiteada.

## 4. O EMPREGO ANTERIOR

**Entrevistador:**
"Qual sua maior dificuldade no cargo anterior?"

**João Lamy:**
"Meu relacionamento com meus patrões estava bastante tenso nos últimos anos. Eles não conduziam bem a difícil situação por que passávamos. É certo que em parte o mercado foi responsável por isso, mas muito se deveu à gestão deficiente."

**Comentário**
João não respondeu bem a essa delicada questão. Ele deveria ter dito que não teve dificuldades pessoais, que ele conduzia bem seu trabalho. Melhor seria se tivesse mencionado apenas as dificuldades que estavam fora de

sua alçada e sobre as quais não tinha responsabilidade. Poderia ter dito: "o mercado de informática sofreu uma queda significativa, o que dificultou muito os nossos esforços."

## 5. A ADMINISTRAÇÃO DO TEMPO

**Entrevistador:**
"Descreva-me um típico dia de trabalho."

**João Lamy:**
"Eu organizo meu dia na véspera. É um procedimento que me permite visualizar as prioridades do dia tão logo chego ao escritório, às 8h30, quando então reúno meus colaboradores para delegar e estabelecer as tarefas e os objetivos a serem alcançados. Sou muito organizado e rigoroso em relação à administração do meu tempo."

**Comentário**
João respondeu muito bem a essa questão, que tem a clara intenção de avaliar sua organização, administração do tempo e eficiência.

## 6. A MOTIVAÇÃO

**Entrevistador:**
"Qual sua maior motivação em seu cargo atual?"

**Comentário**
O objetivo desta questão é analisar os fatores que motivam João. Para se sair bem, ele deve ressaltar elementos que coincidam com as necessidades do cargo pleiteado. Deve também ser positivo em relação ao trabalho atual, mas sem exagerar, afinal, ele está procurando um novo emprego.

## 7. AS QUALIDADES INDISPENSÁVEIS

**Entrevistador:**
"Quais são as qualidades necessárias a um bom diretor Administrativo-financeiro?"

**João Lamy:**
"O rigor e a capacidade de escutar os outros."

**Comentário**
Mais uma vez, por não ter se preparado para a entrevista, João respondeu de maneira muito concisa. Esta pergunta proporciona uma excelente oportunidade para se ajustar às necessidades do interlocutor.

## 8. A MAIOR DIFICULDADE

**Entrevistador:**
"Qual é, na sua opinião, a decisão mais difícil de se tomar?"

**João Lamy:**
"Sem dúvida, a decisão de dispensar colaboradores. Sei que essa é uma atribuição própria do gerenciamento, mas não é fácil, ninguém gosta de tomá-la. Mesmo assim, não importa a situação ou a dificuldade, sei tomar decisões e assumir minhas responsabilidades."

**Comentário**
Se você não tem um cargo de gerência, diga que uma decisão como essa lhe parece difícil porque você não tem informações suficientes sobre a questão.

## 9. DISCORDANDO DO CHEFE

**Entrevistador:**
"O que o senhor faria se discordasse de seu superior hierárquico?"

**João Lamy:**
"Eu e meu chefe nos confrontamos seguidamente. Eu sempre achei que ele assumia riscos demais. Mencionei essa minha opinião várias vezes, nas reuniões."

**Comentário**
João cometeu um erro ao responder tão francamente. Com isso, ele se arrisca a passar uma imagem negativa de si mesmo. Seu interlocutor pode pensar que ele é uma pessoa difícil de lidar. Respostas possíveis a esse tipo de questão já foram abordadas neste livro (*ver p. 132*).

### 10. AS FRAQUEZAS PESSOAIS

**Entrevistador:**
"Quais são seus pontos fracos?"

**João Lamy:**
"Tenho dificuldades para falar em público. Sei, no entanto, que isso se deve à falta de prática."

**Comentário**
Ótima resposta. Nunca se deve admitir falhas pessoais numa entrevista.

### 11. PRESSÃO E ESTRESSE

**Entrevistador:**
"O senhor é capaz de trabalhar sob pressão?"

**João Lamy:**
"Sim, aliás, acho isso estimulante. Em todo caso, sempre que possível, trato de planejar meu trabalho para evitar o estresse de ter de fazer algo às pressas, no último minuto."

**Comentário**
João deu uma boa resposta. Dessa forma, a entrevista prosseguirá, de acordo com o tema abordado no Capítulo 5 (*ver p. 132*).

# O RESULTADO DA ENTREVISTA

## RESPOSTA POSITIVA: O CARGO É SEU

Ao chegar neste ponto, tenha a certeza de que seus objetivos foram alcançados. Você já pode pedir demissão, acertar tudo no último emprego de maneira a deixar as portas abertas, afinal, ninguém sabe o dia de amanhã.

Escreva algumas palavras para todas as pessoas que ajudaram você nesse processo da busca de emprego e não esqueça de, quando estiver bem estabelecido no novo cargo, ajudar todos aqueles que estão em dificuldade.

## Resposta negativa: outro candidato se saiu melhor do que você

Não hesite em contatar seu interlocutor para saber por que sua candidatura foi rejeitada. Nunca seja agressivo nessa abordagem, lembre-se de que seu objetivo é obter elementos para se preparar melhor para a próxima entrevista.

De qualquer modo, não abaixe a guarda, nem se deixe abater, porque um candidato com baixa auto-estima, depressivo e desmotivado jamais é contratado. Se você acreditar em si mesmo e em suas competências, logo alguém também acreditará nisso.

*"Na vida, quando você realmente quiser alguma coisa, não haverá ninguém na sua frente."*

**Edouard Leclerc**

# CONCLUSÃO

Reavaliar a própria carreira e o mercado profissional, procurar um novo emprego e participar de processos de seleção não precisa ser um martírio. Ao contrário, pode ser uma valiosa oportunidade de crescimento e de novas conquistas.

Crescer e conquistar certamente envolvem ousar, sair de uma posição conhecida e acolher mudanças que nem sempre nos julgamos à altura. Por isso, é natural ficarmos inseguros e estressados, pois procurar um emprego nos coloca diante da avaliação de um outro e de nós mesmos.

Contudo, os riscos e a tensão podem ser minimizados se decidirmos assumir o compromisso de nos prepararmos cuidadosamente para a mudança. E é exatamente para auxiliá-lo nesse processo que este livro foi idealizado.

**O cargo é seu** é um roteiro criterioso e completo para quem deseja assumir o desafio de construir uma carreira bem-sucedida, e recompensadora pessoal e profissionalmente.

Boa sorte!

O Cargo é Seu
foi impresso em São Paulo/SP, pela LIS Gráfica e Editora Ltda.,
para a Larousse do Brasil, em março de 2005.